カンタン＆かわいい＆すぐできる！

かぎ針で編む
モコタロウの編み小物

はじめに

はじめまして。YouTubeで編み物チャンネルをやっているモコタロウです。

YouTubeでは、おもに100円ショップの糸を使って、

「毛糸1玉シリーズ」など、気軽に作れる小物を中心に紹介しています。

この本では、初心者の方でも楽しみながら

編み物の基本や仕組みを覚えられるよう、

P.8のぺたんこポーチの作り方パートで詳しく説明をしています。

また、ひとつひとつの作品についてはプロセスをわかりやすいように

写真で追って掲載しています。

さらに、基本の編み方は、ここだけで見られる動画でも説明。

もちろん、編み図もついているので、それだけで編んでもOKですが、

プロセスには、編み図にはない、自分なりに工夫したことも入っているので、

ぜひ一度目を通していただけるとうれしいです。

ひとつ編めるようになると、どんどん楽しくなってきます！

小さなものから、ぜひ編んでみてくださいね。

モコタロウ

はじめに　2

この本で紹介する作品について　4

知っておきたい編み物用語　6

まずは簡単なものからスタート！

基本のぺたんこポーチを編んでみましょう　8

覚えておこう 糸始末のこと　14

Part 1

簡単！すぐ編める 小さなポーチ

刺しゅう糸で編む巾着ポーチ　16　　玉編みのがま口ポーチ　28

レース糸で編むあめ玉ポーチ　22　　レース糸のぺたんこポーチ＆サコッシュ　34

Part 2

遊び心あふれる お出かけバッグ

ビニールひものバケツ形バッグ　40　　色違いのハンドルバッグ　60

花模様のかごバッグ　48　　メリヤスこま編みのミニかご　70

ふっくらこま編みのツーウェイバッグ　54　　あったかハンドルカバー　74

Part 3

冬を暖かく過ごす スヌード＆ショール

簡単！すぐできるスヌード　78　　大きめの三角ショール　92

ぷっくりハート柄のスヌード　82　　グラデーションカラーのミニひざかけ　96

花模様のリフ編みスヌード　86

編み方の基礎　100

この本で紹介する作品について

糸は100円ショップで買えるものばかり

私はふだんから100円ショップの毛糸を使っています。100円なら、万が一失敗してもあまり気にならないし、何より気軽にいろいろなことにチャレンジできるからです。この本で紹介する作品も、すべてメインは100円ショップのもの。材料費も安く済みますし、かわいい糸も増えているので、おすすめです!

※比較的定番で扱っているものを使いましたが、品切れする場合もあります。その場合は同じ太さの毛糸をお使いください。

使う用具はかぎ針ととじ針だけ!

作品はすべてかぎ針編みで作ります。持ちやすい手になじむものを選んでください。とじ針は、糸始末やボタンつけなどに使います。こちらも太さ違いのセットがあるので、入手しておくといいでしょう。どちらも100円ショップでも取り扱いがあります。

ポーチ、バッグ、スヌードなどが作れます

Part1では、小さなポーチやがま口などを紹介します。毛糸1玉で作れるものなどもあります。Part2はバッグ。毛糸だけでなく、ビニールひもや麻ひもなどで編むものも! Part3はスヌードやひざかけなど、身につける小物を紹介します。

■動画で説明が見られるものもあります

初心者の方がわかりやすいよう、編み方の基礎（P.100〜103）はすべて本書だけで見られるオリジナル動画つき。その他、一部の作品も、動画での説明が見られます。動画説明があるものについては、QRコードがついているので、ぜひ参考にしてください。

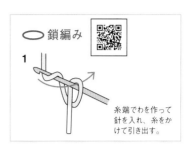

○ 鎖編み
1
糸端でわを作って針を入れ、糸をかけて引き出す。

■オリジナルの編み方をしているところもあります

「ここはこうしたほうがきれいに仕上がる」と、試行錯誤を重ねて工夫してきました。そのため、一般的な編み方と少し変えているところもあります（段の終わりの引き抜き方など）。編み物に「絶対」はないので、やりやすい方法を選んでください。

■かぎ針は持ちやすい方法で！

日本で一般的なのはペン型ですが、私はナイフ型と呼ばれる持ち方で編んでいます。2本どり、3本どりなど太い糸を編むときは、ナイフ型のほうが編みやすいからです。持ち方にもルールはないので、自分が編みやすい持ち方でOKです。

ナイフ型

ペン型

■目印としてマーカーを活用しましょう

編み物グッズはいろいろ便利なものが出ていますが、いちばんのおすすめは、簡単につけたりはずしたりができるマーカー。編み始めや編み終わりの目印に、編み目の頭に入れておくと、編み間違いを防げます。

編み始めや編み終わりをわかりすく！

目を増やすときの目印に

知っておきたい 編み物用語

本書では初心者の方でもわかりやすい言葉で説明していますが、かならず使う専門用語がいくつかあります。
編み始める前に覚えておきましょう。また、基本の編み方はP.100〜をご覧ください。

編み目の種類

鎖編み、こま編み、中長編み、長編みなど、いくつかの編み方を組み合わせて編み地を作ります。それぞれの編み方の説明はP.100〜103（動画あり）にあります。一度覚えれば、あとはラク！

こま編み

中長編み

長編み

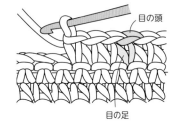

目の頭

目の足

編み目のつくりの名称

編み方の説明を見ると、「目」「頭」「足」という名称が出てきます。これは編み目のつくりの部分的なところを指す名称。また、目の頭半分の糸1本のことを「半目」といいます。左の図はこま編みですが、どの編み目も呼び方は同じです。

作り目

編み始めに作る目のこと。平らに編むときは、必要な数だけ鎖編みを編みます。円形に編むときは、糸端を丸めてわを作る方法か、鎖編みをわにしてつなげ、そこに編み入れる方法でスタートします。

鎖の作り目

鎖編みで必要目数編む。平面を編むときや、鎖編みをわにして筒状に編むときなどに使う。
▶P.8、22、34、54、60、74、78、82、96の作品に使用

糸端をわにする作り目

円形を編むときに。糸端を丸めてわを作り、わの中に必要目数を編み入れ、編み始めと編み終わりをつなげて円形にする。まん中に穴があかない。
▶P.16、40、48、70の作品に使用

鎖をわにする作り目

おもに円形を編むときに。鎖編みを数目編んで編み始めに引き抜き、わにする。わの中に、指定の編み目を必要目数編み入れ、編み始めと編み終わりをつなげて円形にする。
▶P.28、92の作品に使用

立ち上がり

段の編み始めに、編み目の高さとそろえるために編む鎖編みのこと。こま編みは1目、中長編みは2目、長編みは3目と、編み目の種類によって目数が変わります。また、引き抜き編みは立ち上がりは不要です。

こま編み

立ち上がりは鎖1目。こま編みの場合は立ち上がりを1目とカウントしないので、1目めは台の目に編み入れる。

中長編み

立ち上がりは鎖2目。中長編みの場合は立ち上がりを1目とカウントするので、台の目には編み入れない。

長編み

立ち上がりは鎖3目。長編みの場合は立ち上がりを1目とカウントするので、台の目には編み入れない。

鎖の裏山

鎖編みの目の裏側にある糸のこと。この本では、作り目の鎖編みに次の段で編み入れるときに、裏山を拾うケース（P.100参照）がほとんどです。

○本どり

複数の糸を合わせて編むときに使う言い方。2本どりは2本の糸、3本どりは3本の糸を合わせて編むこと。糸を太くしたいときや、違う色や素材の糸をミックスさせたいときに使います。

3本どりの場合、3つの糸玉からそれぞれ糸を引き出して合わせる。

往復に編む

1段編んだら、次の段は編み地を裏にして、前の段とは逆方向に編むのをくり返すことを指します。

まずは簡単なものからスタート！
基本のぺたんこポーチを
編んでみましょう

このポーチの
編み方動画はこちら

必要なものは毛糸玉ひとつとかぎ針だけと、とっても気軽に編めるポーチ。編み物の仕組みなども
ここで詳しく説明しているので、初めて編み物にチャレンジする方は、まずこのポーチから作ってみてください。

毛糸1玉編みきりサイズ
パステルカラーのぺたんこポーチ

ほぼ等間隔で糸の色が変化する段染め糸なので、シンプルなこま編みだけでも表情豊か！
長さ15cmほどの小さなサイズは、小物入れとして重宝しそうです。

用意するもの

● 段染め極太ストレート糸 (Seria ケーク)：
col.13 (ピンク系)、col.14 (グリーン系)
…各1玉 (約30g・約51m)
● かぎ針…8/0号

仕上がりサイズ　幅13×高さ16㎝

1 まず全体の作り方の流れを「製図」で確認しましょう

下の図は「製図」といって、どこから編み始めるか、何目何段編むのか、サイズはどのくらいになるのかなど、作品作りに必要な情報が盛り込まれています。編み始める前に目を通して、ざっくり流れを把握しましょう。

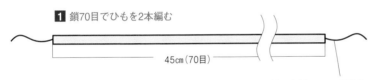

1 鎖70目でひもを2本編む

45cm（70目）

両端の糸端は5cmほど残す

1 ～ **5** は編む順番を示し、プロセスページの番号とも連動しています

［製図の見方］

このポーチは毛糸1玉で作るため、先にひもを編んでから本体を編み始めます。
本体は、作り目→底→側面→縁（袋口）の順に続けて編みます。
製図には「編み進める方向」「続けてわに編む」などの記号が含まれているので、見方を覚えておくと役に立ちます。

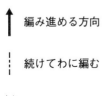

↑ 編み進める方向

┊ 続けてわに編む

〰 省略記号

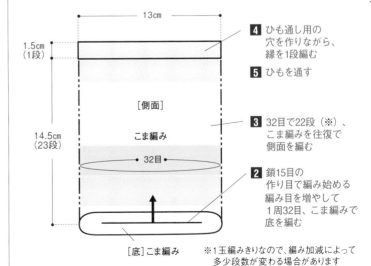

13cm

1.5cm
（1段）

14.5cm
（23段）

［側面］
こま編み

• 32目 •

［底］こま編み

4 ひも通し用の穴を作りながら、縁を1段編む

5 ひもを通す

3 32目で22段（※）、こま編みを往復で側面を編む

2 鎖15目の作り目で編み始める編み目を増やして1周32目、こま編みで底を編む

※1玉編みきりなので、編み加減によって多少段数が変わる場合があります

2 編み図を チェックしてみましょう

編み図には、使う編み目の記号や段数、編み進める方向など、より具体的な情報が示されています。一見複雑に思えますが、見方を覚えれば意外にシンプル。スムーズに編み進めるための手助けとなります。

⬭	=鎖編み
✕	=こま編み
⬬	=引き抜き編み
𝍠	=長編み

このポーチを編むのに必要な編み目の種類と記号

編み目の記号はJIS規格で決められており、どの本も共通で記されています。このポーチはP.101〜102で説明している4つの編み目の組み合わせで成り立っています。そちらを参考にしながら編み進めてください。

全体図

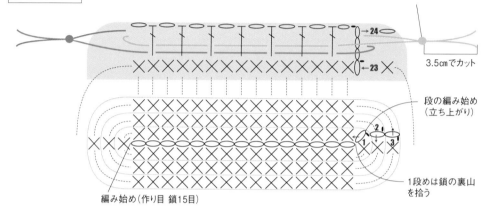

ひもを通してひと結びする

→24

→23

3.5cmでカット

段の編み始め
（立ち上がり）

1段めは鎖の裏山を拾う

編み始め（作り目 鎖15目）

←1
→2

数字は段数表示。矢印は編み進める方向を表します。この場合は、2段めは編み地を裏返して、1段めと逆方向に編むことを指します。これを「往復に編む」といいます。矢印が入っていない場合は、つねに表を見て同じ方向に編みます。

編み始め
作り目の編み始めの位置を示します。このポーチは、編み始めのところから鎖15目で作り目をします。

段の編み始め（立ち上がり）
段の編み始めは鎖の立ち上がり（P.7参照）を編みます。編み図では、この立ち上がりが段の始まりの目印となります。

編み図を省略した部分
同じ編み方のくり返しの場合、編み図を省略する場合があります。この図では3段めから23段めまでは、同じ目数でくり返しこま編みを編む、という意味になります。

---

3 編んでみましょう

必要な編み方　鎖の作り目…P.100　鎖編み…P.101　こま編み…P.101
引き抜き編み…P.102　長編み…P.101　糸始末…P.14

1 ひもを編む

毛糸1玉で編むため、ひもを最後にすると糸が足りなくなる場合も。そのため、このポーチではひもをいちばん最初に編みます。

1 編み始めの糸端を5cmほど残し、鎖70目で（＝鎖編みを70目編む）ひもを2本編む。編み終わりは糸端を5cmほど残して切り、そのまま引き抜いてぐっと引き締める。

70目

2 作り目をして底を編む

鎖の作り目を編み、そのまわりにぐるっと1周、こま編みを編みます。これが底になります。
編み始めの糸端は途中で編みくるむと、あとで糸始末する必要がないのでラク！

[底]

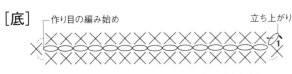
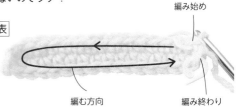

鎖の作り目は15目。その上下に15目ずつ＋両サイドに1目ずつ、計32目、こま編みを編む。これが1段めとなる。

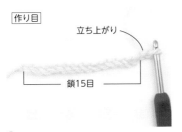

2 鎖15目を編み、続けて立ち上がりの鎖1目を編む。

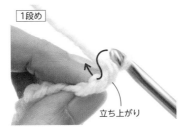

3 作り目15目めの鎖の裏山(P.100参照)に針を入れ、糸をかけて引き出す。

4 針に糸をかけて2ループを引き抜き、こま編みを1目編む。その目の頭の鎖部分に目印としてマーカーを入れる。

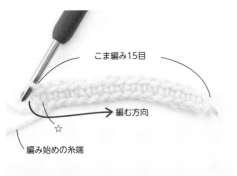

5 同様に作り目の鎖の裏山を拾って、こま編みを編み入れる(計15目)。

マーカーを使うと編み間違いを防げます

慣れないうちは、どこに編み入れるのかがわからなくなりがち。特に段の最後で編み始めの目とつなぐところや、新しい段の編み始めは間違いやすいので、マーカーを入れておくと目印になります。マーカーは、編み目の頭の鎖部分をすくうように入れて引っかけます。

6 5の最後の目と同じところ(☆)に針を入れ、こま編みを1目編む(16目め)。このとき、糸端は編み糸の向こう側に置いて編みくるむ。

7 同じ目にもう一度針を入れ、糸端を編み地と編み糸の間においてから、針に糸をかけて引き出す。

8 針に糸をかけて2ループを引き抜き、こま編みを編む(17目め)。続けて矢印のように作り目の鎖に針を入れ、7と同様に糸端を編みくるみながら数目こま編みを編む。

9 残りは糸端をはずしてふつうにこま編みを編む(30目まで)。最後は同じ目(★)にこま編みを2目編み、最後のこま編みの頭に編み終わりのマーカーを入れる。

10 針にかかっている糸を長めに引き出して針からはずし、親指で押さえる。

針からはずして親指で押さえる

11 マーカーを入れた編み始めの目に編み地の裏(糸端が出ているほう)から針を入れ、**10**で引き出した目を針にかけて裏側に引き出す(奇数段の編み終わりの引き抜きは同様にする)。

10で引き出した目

★ ←ココ

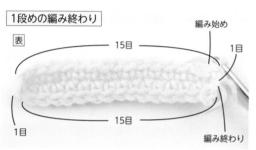

1段めの編み終わり

表

15目 編み始め 1目

15目

1目 編み終わり

12 1段めの編み終わり。両端で1目ずつ増やして、計32目になる。

マーカーを入れる

---

3 側面を編む

側面は底に続けて32目、23段めまで編みます。奇数段は編み地の表、偶数段は裏を見て、こま編みを往復でわに編みます。1段めで編みくるんだ糸端が出ているほうが裏になります。

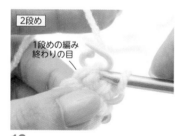 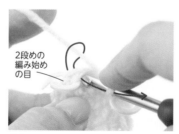 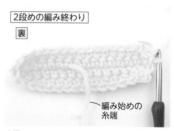

2段め

1段めの編み終わりの目

13 編み地の裏を見て、1段めと逆方向に編む。鎖1目で立ち上がり、1段めの編み終わりの目に針を入れてこま編みを編む。編み始めのマーカーは、このこま編みの頭の鎖に移す。

2段めの編み始めの目

14 こま編みを32目、ぐるっと1周編み、編み終わりのマーカーを移す。最後は編み始めの目に針を入れ、針に糸をかけて引き抜く(偶数段の編み終わりの引き抜きは同様にする)。

2段めの編み終わり

裏

編み始めの糸端

15 2段めの編み終わり。

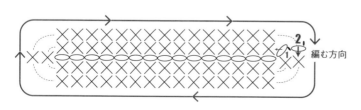

2
1 編む方向

8段めの編み終わり

23段めの編み終わり

16 3段めは表、4段めは裏を見て、32目ずつ往復にこま編みを編む。編み終わりの引き抜きは、奇数段は**11**、偶数段は**14**と同様にする。同様に編み進めると、だんだん袋状になる。

17 同様にして32目ずつ、23段めまでこま編みを編んだところ。これで側面の完成。

4 縁を編む

鎖編みと長編みの組み合わせで1段、縁を編みます。ここは、ひも通しの穴も兼ねます。

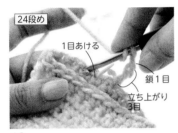

24段め

1目あける
鎖1目
立ち上がり3目

鎖1目
長編み1目
鎖1目

18 編み地を裏返して、立ち上がりの鎖3目を編み、続けて鎖1目を編む。針に糸をかけ、1目あけた次の目に長編み1目を編む。

19 鎖1目、長編み1目をセットで1周(計15回)編む。

20 最後は鎖1目を編み、立ち上がりの鎖3目めに針を入れて糸をかけ、編み終わりの目に引き抜く。編み終わりの糸端は5〜10cm残して切り、糸始末する。

24→

←23

5 ひもを通す

1で編んでおいたひもを、**4**で編んだ縁に通して完成させます。

21 **1**で編んだひもの糸端をとじ針に通し、脇から針を入れて24段めの長編みを1目おきに通す。

22 ぐるりと1周、1目おきに通し、最後は表に出す。

23 反対側の脇から、もう1本のひもを同様に通す。先に通したひもと同じところを通して表に出す。ひもの端はひと結びしてから、長さをそろえてカットする。

3.5cm

覚えておこう 糸始末のこと

編み始めや編み終わり、途中で替えた糸の糸端は、すべて編み終わってから始末します。

編み始めの糸始末

 ※「パステルカラーのぺたんこポーチ」の5:20〜を参照してください。

私は、編み始めの糸端は、続きを編みながら編み目の中にいっしょに編みくるんでしまいます。そうすると、あとは余った糸端を切るだけでよいので、最後にとじ針で始末するよりずっとラク。

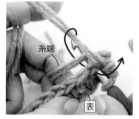

1 糸端は編み地の裏側に出るように処理する。編み地の裏側に糸端をおき、その下をくぐらせるようにして針を入れ、糸をかけて目を編む。

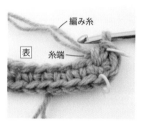

2 編んだ1目の中に糸端が編みくるまれる。

3 同様にして数目、糸端を編みくるむ（矢印のあたりまで）。

4 編みくるんだ糸端は、編み地の表裏の目印になるので残しておき、最後に編み地の際でカットする。

14

※上の例は四角に編むもので説明しましたが、円形に編む場合や途中で糸を替える場合も、糸端は同様に編みくるんで最後にカットします。

編み終わりの糸始末

引き抜き編みの縁編みの場合

 ※「花模様のかごバッグ」の42:35〜を参照してください。

1 編み終わったら、10cmほど残して糸を切り、針にかかっている糸を表に引き出す。

2 とじ針に糸を通し、編み始めの目に表から針を入れ、編み地の裏側に出す。

3 編み終わりの目に戻って表から針を入れ、編み目の向こう側半目をすくって裏側に出す。

4 つないだところが鎖目になる。糸端は下記の「編み地の裏側で始末する方法」を参照して始末する。

編み地の裏側で始末する方法

 ※「パステルカラーのぺたんこポーチ」の22:25〜を参照してください。

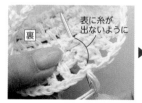

▶

編み終わりの糸は10cmほど残してカット。とじ針に通して、編み地の裏側で2〜3cm、表にひびかないように糸をすくって通す。何度か小さく返しながら通し、編み地の際で糸をカットする。

Part 1

簡単！すぐ編める
小さなポーチ

毛糸、 刺しゅう糸、 レース糸など素材もいろいろ。
ミニサイズの巾着ポーチやかわいいフォルムのがま口などが
あっという間に作れます。 色違いで遊ぶのも楽しい！

1色ずつ色を編み足します

刺しゅう糸で編む巾着ポーチ

彩りがきれいなグラデーションの刺しゅう糸12本セットを
きっちり2パック使いきるミニ巾着。
底がまん丸で、小さいながらも意外にたくさんものが入れられます。

用意するもの	●刺しゅう糸（DAISO ミックスカラー 12色・1束約8m）…2パック ●かぎ針 4/0号

advice
毛糸に比べて伸縮性が少ないので、編むときに力が強すぎると編み目がきつくなり、弱すぎると穴ができてしまいます。ほどよい力加減で編みましょう。

仕上がりサイズ	直径13×高さ14.5㎝

編み方

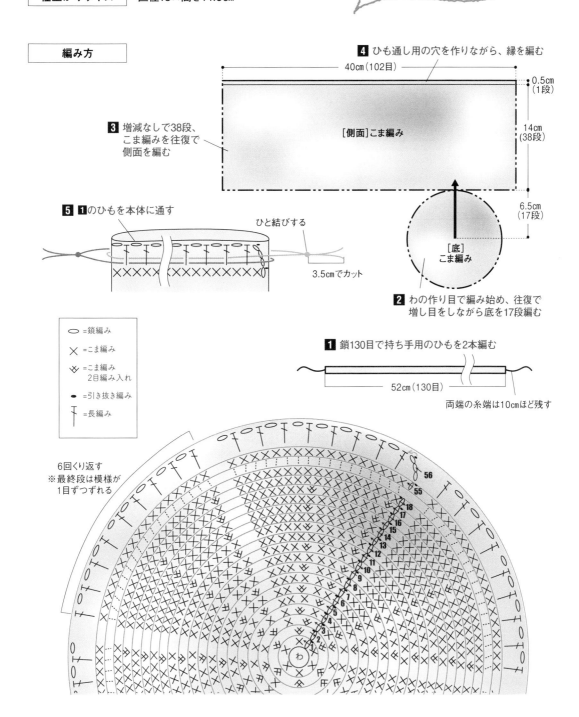

4 ひも通し用の穴を作りながら、縁を編む

40㎝（102目）

0.5㎝（1段）

[側面]こま編み

3 増減なしで38段、こま編みを往復で側面を編む

14㎝（38段）

6.5㎝（17段）

[底]こま編み

2 わの作り目で編み始め、往復で増し目をしながら底を17段編む

5 **1**のひもを本体に通す

ひと結びする

3.5㎝でカット

1 鎖130目で持ち手用のひもを2本編む

52㎝（130目）

両端の糸端は10㎝ほど残す

○ =鎖編み
× =こま編み
Ⅴ =こま編み 2目編み入れ
● =引き抜き編み
┼ =長編み

6回くり返す
※最終段は模様が1目ずつずれる

わ

56
55
18
17
16
15
14
13
12
11
10
9
8
7
6
5
4
3
2
1

17

刺しゅう糸で編む巾着ポーチ

必要な編み方

わの作り目…P.100　鎖編み…P.101　こま編み…P.101　長編み…P.101

引き抜き編み…P.102　こま編み2目編み入れ…P.102　糸始末…P.14

1 ひもを編む

1 好みの色の糸で、鎖130目で持ち手用のひもを2本編む。編み始めと編み終わりの糸端は、10cmほど残す。

2 わの作り目で底を編む

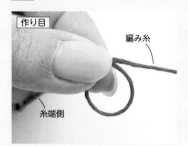

作り目
編み糸
糸端側

2 糸端側を奥にして丸めてわを作り、人差し指と親指で重なりの部分を押さえる。

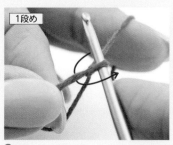

1段め

3 2のわの中に針を入れ、糸をかけて引き出す。

立ち上がり鎖1目

4 立ち上がりの鎖1目を編む。

立ち上がり

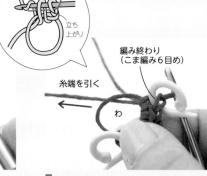

糸端を引く
わ
編み終わり
（こま編み6目め）

5 わの中に針を入れ、こま編みを6目編む。編み始めの目と編み終わりの目にはマーカーを入れる。糸端を引いてわを引き締める。

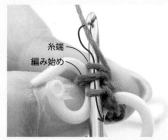

糸端
編み始め

6 編み始めの目の頭に針を入れ、糸端を針にかける。針に糸をかけてすべてを引き抜く。

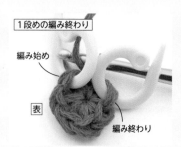

1段めの編み終わり
編み始め
表
編み終わり

7 1段めの編み終わり。編み始めと編み終わりがつながって円になる。

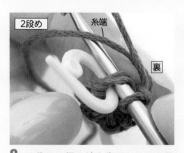

2段め
糸端
裏

8 2段めは編み地を裏にして、1段めと逆方向に編む。鎖1目で立ち上がり、1段めの編み終わりの目に針を入れる。糸端は編み地と編み糸の間におく。

2目

9 糸端を編みくるみながら、同じ目にこま編みを2目編む。同様に、矢印のように針を入れ、1目に2目ずつこま編みを編む（こま編み2目編み入れ）。

2段めの編み終わり

裏

10 1段めの6目に2目ずつ編み入れて計12目編んだら、編み終わりの目にマーカーを入れる。編み始めの目に引き抜く。

4段めの編み終わり

11 3段め以降はP.17の編み図を参照して、毎段6目ずつ増やしながら編む。奇数段は編み地の表を見て編み、偶数段は裏を見て、往復に編む。

新しい糸　　こま編みの途中

糸端

12 次の糸に替えるときは、10cmほど糸を残してこま編みの糸を引き出したところで止める。編み地の裏側で、新しい糸を同じくらいの長さで前の糸端に添える。

13 編み目に近いところで、左手の親指で2本の糸端を押さえる。新しい糸を針にかけて、針にかかっている2ループを引き抜いてこま編みを編む。

新しい糸

14 新しい糸に替えたところ。こま編みの途中で替えると、色のがたつきが出ず、きれいな仕上がりになる。

15 前の糸と新しい糸の糸端を編み地の手前(裏側)におく。始末する糸端はかならず編み地の裏側に来るようにする。糸端の下をくぐらせて次の目に針を入れる。

16 糸端を編みくるみながら、こま編みを編む。

糸端

17 こま編みを1目編んだところ。編み目の内側に糸端がくるまれて、新しい糸が固定される。

18 次の目からは前の糸(青)だけを編み地の手前において、その下をくぐらせて次の目に針を入れる。(編み地にひびかないように、糸端はなるべく同じ色の近くで処理する)。

19 こま編みを1目編む。

20 18〜19と同様に糸端を編みくるみながら、7〜8目こま編みを編んだら、あとは糸端をはずしてこま編みを続けて編む。

21 次の段で、緑の糸端を同様に編みくるみながらこま編みを編む。つねに、始末する糸端は編み地の裏側におく。

22 糸端の下に針を通し、編み糸を針にかけて矢印のように引き出し、こま編みを編む。

23 同様に糸端を編みくるみながら、7〜8目編んだら糸端をはずし、こま編みを続けて編む。

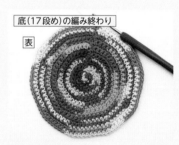

24 目を増やしながら、17段まで底を編む。編み目は102目になる。

3 側面を編む

25 18段めからは、目を増やさずに1段102目ずつこま編みを編む。18段めは偶数段なので、裏を見て編む。

26 奇数段は表、偶数段は裏を見て、毎段102目ずつ、往復にこま編みを編む。だんだん側面が立ち上がって袋の形になってくる。

27 糸を替えながら55段めまで編んだところ。

4 縁を編む

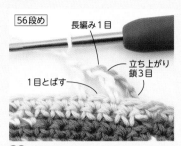

28 56段めは55段めと同様に、表を見て編む。鎖3目で立ち上がり、長編み1目を編む。鎖1目、1目とばして長編み1目をセットで計50回編む。

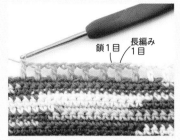

29 鎖1目のところに隙間ができて、ここがひもを通すところになる。

30 最後は編み始めの立ち上がりのところに針を入れて糸をかけ、編み終わりの目に引き抜く。

31 鎖を1目編んで引き締める。

32 本体の編み終わり。針から編み目をはずして糸を引き抜き、とじ針に通して編み地の裏側で始末する。

5 ひもを通す

33 1で編んだひもの糸端をとじ針に通し、本体の脇から縁編みの長編み1目おきに通す。

34 ぐるっと1周通して表に出す。

35 反対側の脇から、もう1本のひもも同様に通す（先に通したひもと同じところを通す）。

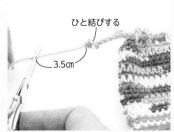

36 ひもの端同士をひと結びして、糸端を3.5cmほどのところでそろえてカットする。

小さなサイズがかわいい

レース糸で編むあめ玉ポーチ

レース糸1玉編みきりサイズの小さなポーチ。
上品な印象で、とても100円ショップの糸とは思えない仕上がりです。
アクセサリー入れなどにも使えそう。

用意するもの	●レース糸（DAISO レースヤーン♯20太）： 　col.7（ホワイト）…1玉 ●かぎ針6/0号

（P.24 参照）。

advice
1玉のレース糸を2本どりにするので、先に糸を巻き直してから編み始めましょう(P.24 参照)。

仕上がりサイズ	幅10×高さ12cm

編み方	＊糸は2本どり

20cm（42目）

1.5cm（1段）

5 縁を1段編む

4 1段42目、こま編みで側面を編み始める。続けて19段（※）、模様編みを往復でわに編む

10.5cm（21段）

[側面]
模様編み

3 1周42目、こま編みで底を編む

[底]

2 鎖20目の作り目で編み始める

※1玉編みきりなので、編み加減によって多少段数が変わる場合があります

○	＝鎖編み
✕	＝こま編み
●	＝引き抜き編み
┃	＝長編み

1 鎖60目でひもを2本編む

25cm（60目）

両端の糸端は10cmほど残す

レース糸で編むあめ玉ポーチ

6 ひもを本体に通す

ひと結びする

3cmでカット

22
21

縁

側面

5
4
3
2
1

側面

底

側面

編み始め
作り目 鎖20目

1段めは
鎖の裏山を拾う

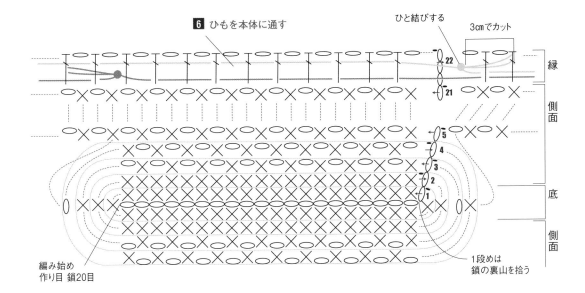

1玉を2本どりにする方法

1玉の糸を2本どりにする場合、下にご紹介する方法で巻き直しをすると無駄なく糸を使いきれます。

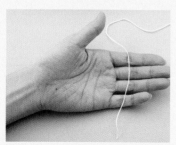

1 糸玉から糸を引き出し、糸端を手前に長めに残して写真のように手にかける。

2 人差し指、親指に8の字を描くように糸をかける。

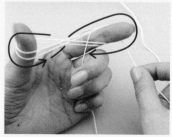

3 8の字をくり返して糸を巻き取る。

4 ある程度のボリュームになるまで巻き取る。

5 糸束の交差しているところを押さえて、指からはずす。

6 続けて糸束のまん中に、糸をぐるぐる巻きつけていく。

7 レース糸1玉分、巻き取った状態。

1の糸端

8 巻き始めの糸端と巻き終わりの糸端を合わせて2本どりにし、1～7をくり返して巻き取る。

9 2本どりの糸玉のでき上がり。糸を無駄なく使って編むことができる。

2本になる

必要な編み方
鎖の作り目…P.100 鎖編み…P.101 こま編み…P.101 長編み…P.101 引き抜き編み…P.102
糸始末…P.14

1 ひもを編む

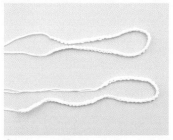

1 左ページの方法で1玉を2本どりに巻き直す。糸2本どり、鎖60目でひもを2本編む。糸端は10㎝ほど残しておく。

2 作り目をする

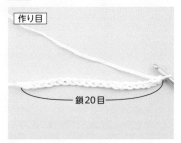

作り目

鎖20目

2 糸2本どりで鎖20目を編む(作り目)。

3 底を編む

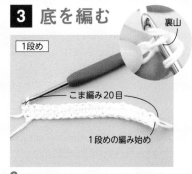

裏山

1段め

こま編み20目

1段めの編み始め

3 鎖1目で立ち上がり、作り目の鎖の裏山(P.100参照)を拾ってこま編みを編む。編み始めの目にはマーカーを目印に入れる。計20目編む。

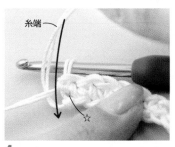

糸端

4 糸端を編み糸の上を通して矢印の方向に持ってくる。

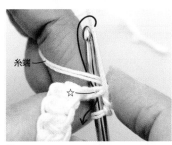

糸端

5 20目めと同じ目(**4**の☆)に針を入れ、糸端を針と編み糸の間におき、糸をかけてこま編みを編む(21目め)。

糸端

6 同様にして糸端を編みくるみながら、こま編みを同じ目にもう1目編む(22目め)。

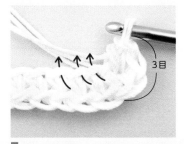

3目

7 作り目の端の目に、計3目のこま編みを編んだことになる。続けて矢印のように針を入れ、7～8目、**6**と同様に糸端を編みくるみながらこま編みを編む。

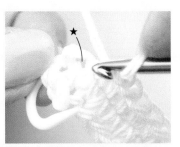

★

8 残りは糸端をはずして40目めまでこま編みを編む。41、42目めは同じ目(★)にこま編みを2目編む。

引き出した目

9 1段めの編み終わりの目を長めに引き出して針からはずし、編み地の手前に持ってきて左手の親指で押さえる。マーカーを入れた編み始めの目に裏から針を入れ、引き出した目を引き抜く(奇数段の編み終わりの引き抜きは同様にする)。

レース糸で編むあめ玉ポーチ

4 側面を編む

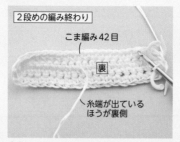

1段めの編み終わり

表

20目

20目

1目　1目

10 1段めの編み終わり。編み終わりの目にもマーカーを入れる。片側20目ずつ＋両端で1目ずつ増やして、計42目になる。

2段めの編み終わり

こま編み42目

裏

糸端が出ているほうが裏側

11 2段めは編み地を裏にして、1段めと逆方向に編む。鎖1目で立ち上がり、こま編み42目で1周編み、最初と最後にマーカーを移す。最後は編み始めの目に手前から針を入れ、糸をかけて引き抜く（偶数段の編み終わりの引き抜きは同様にする）。

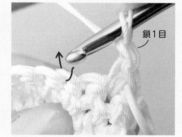

3段め

こま編み1目

12 3段めは編み地を表に返して編む。鎖1目で立ち上がり、2段めの編み終わりの目に針を入れ、こま編み1目を編む。1目めを編んだら、かならず編み始めのマーカーを移しておく。

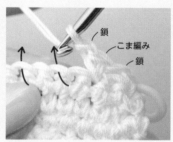

鎖1目

13 鎖1目を編み、1目とばして次の目に針を入れてこま編みを編む。

鎖
こま編み
鎖

14 鎖1目、1目とばしてこま編み1目のセットを計20回くり返して編む。

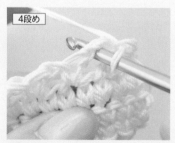

15 最後は鎖1目を編み、**9**と同様に編み始めの目に裏から引き抜く。

4段め

16 4段めは編み地を裏にして編む。鎖1目で立ち上がり、3段めの最後の鎖の下に針を入れ、鎖の目を編みくるみながらこま編みを編む。編み始めのマーカーを移す。

17 鎖1目、1目とばしてこま編み1目のセットを計20回編む。こま編みは、**16**のように前の段の鎖の下に針を入れ、鎖の目を編みくるむ。最後は鎖1目を編んでマーカーを入れ、**11**と同様に編み始めの目に引き抜く。

21段めの編み終わり

18 奇数段は表、偶数段は裏を見ながら**12**～**17**をくり返して編み、21段めまで模様編みを編む。

5 縁を編む

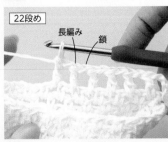

19 22段めは裏を見て編む。鎖3目で立ち上がり、鎖1目、1目とばして長編み1目のセットを20回くり返して編む。長編みは前の段の鎖の下に針を入れ、鎖の目を編みくるむ。

20 最後は鎖1目を編み、立ち上がりの鎖3目めに針を入れ、糸をかけて引き抜いてから、鎖1目を編んで引き締める。

21 編み終わりの糸は10cmほど残してカットし、とじ針に通す。編み地の裏側で2〜3cm、表にひびかないように糸をすくって通し、糸始末する。

22 編み地の際で糸をカットする。

23 本体のでき上がり。

6 ひもを通す

24 1のひもの糸端をとじ針に通し、脇から針を入れて22段めの長編みを1目おきに通す。

25 ぐるりと1周、1目おきに通し、最後は表に出す。

26 反対側の脇から、もう1本のひもを同様に通す（先に通したひもと同じところを通す）。ひもの端をひと結びし、糸端は3cmほど残してカットする。

27

コロンとしたフォルムがキュート！

玉編みのがま口ポーチ

シックなグラデーションの糸を使ったミニがま口ポーチ。
ボリュームのある玉編みで、ボールのようなフォルムに仕上げます。

このポーチの
編み方動画はこちら

<table>
<tr><td>用意するもの</td></tr>
</table>

● ストレートヤーン中細（Seria ミルフィムソック
　ヤーン）：col.4142（ミックスカラー）…1玉
● かぎ針6/0号
● 口金（Seria がま口金 穴あき丸型シルバー・
　幅約8.5cm）…1個
● ミシン糸

advice
玉編みをふっくら仕上げるために、糸は通常の中長編みより少し長めに引き出します。このとき、引き出した糸の長さをそろえると、きれいに仕上がります。

仕上がりサイズ

幅12×高さ11.5cm

編み方

4 ミシン糸4本どりで
本体と口金を
返し縫いで留めつける

口金

最終段のこま編みの
根元のところに縫いつける

こま編み

24cm（36目）

3 そのまま2段、
こま編みを編む

1.5cm
（2段）

玉編みの
模様編み

10.5cm
（8段）

1 鎖4目の作り目
をわにする

2 底から編み始める。
図、表のとおり、
玉編みの模様編みを
8段編む（36目）

段	編み方	
9〜10段め	こま編み	36目
4〜8段め	玉編み1目＋鎖1目	18回
3段め	玉編み1目＋鎖1目	18回
2段め	玉編み1目＋鎖1目	12回
1段め	玉編み1目＋鎖1目	6回
作りめ	鎖4目	

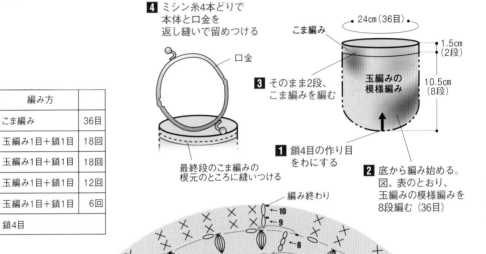

編み終わり

※段の編み終わりの
　引き抜きは、1つめ
　の玉編みの次の鎖
　目に引き抜く

※3段め以降、段の最
　後の玉編みは、前
　段の立ち上がりと
　次の玉編みの間に
　編み入れる

 ＝鎖編み

 ＝中長編み5目の玉編み

・ ＝引き抜き編み

╳ ＝こま編み

必要な編み方

鎖をわにする作り目…P.100 鎖編み…P.101 こま編み…P.101 引き抜き編み…P.102

中長編み5目の玉編み…P.103 糸始末…P.14

1 鎖をわにして作り目する

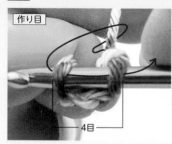

作り目

4目

1 鎖4目を編み、1目めの鎖の手前半目に針を入れる。

2 1の矢印のように針に糸をかけて引き抜き、わにする(鎖をわにする作り目)。

2 底から編み始める

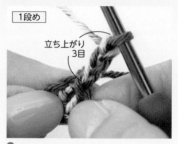

1段め

立ち上がり3目

3 鎖3目で立ち上がる。

4 針に糸をかけ、2で作った作り目のわの中に針を入れる。針に糸をかけて、わから引き出す。

糸端

5 4をあと3回くり返し、中長編みの途中までを計4目分針にかける(糸端は編みくるむ)。針に糸をかけ、針にかかっているループを矢印のように一度に引き抜く(中長編み5目の玉編み〈1段めのみ、立ち上がりの鎖3目を1目と数える〉)。

6 鎖1目を編み、引き締める。

★

7 続けて、中長編み5目の玉編みと鎖編み1目のセット(A)を作り目のわに5回編み入れる。

1段めの編み終わり

8 7の★の鎖(6の編み始めの玉編みの次の鎖目)に針を入れ、糸をかけて引き抜く。

2段め

立ち上がり3目

9 2段めも鎖3目で立ち上がる。

10 針に糸をかけ、1段めの玉編みと玉編みの間(鎖目の下・♡)に針を入れる。ここに、Aのセットを2回編み入れる。

11 同様に、玉編みと玉編みの間に、Aのセットを2回ずつ編み入れていく。編み終わりは、8と同様に編み始めの玉編みの次の鎖目に針を入れ、糸をかけて引き抜く。

3段め

12 3段めも鎖3目で立ち上がり、2段めの玉編みと玉編みの間に10と同様に編み入れる。続けてAのセットを1回、次は2回編み入れる。これを計5回くり返す。最後の玉編みは2段めの立ち上がりの鎖3目の左(♥)に針を入れて編む。

3段めの編み終わり

13 3段めの編み終わりは、鎖1目を編み、8と同様に編み始めの玉編みの次の鎖目に引き抜く。

4～8段め

14 4段め以降は鎖3目で立ち上がり、前段の玉編みと玉編みの間に、Aのセットを1回ずつ編み入れ、8段めまで編む。毎段、最後の玉編みは12と同様に、編み終わりは13と同様に編む。

3 縁を編む

9段め

15 9段めは鎖1目で立ち上がり、玉編みの上にある鎖目(◇)に針を入れてこま編みを編む。

4 口金をつける

16 次は前段の玉編みと玉編みの間(◆)に針を入れ、こま編みを編む(鎖の目は編みくるむ)。これをくり返して計36目編み、編み始めの目に引き抜く。

10段めの編み終わり

2段

17 10段めも鎖1目で立ち上がり、36目こま編みを編み、糸を切る。P.14の「縁編みの場合」を参照して糸始末する。

脇　　脇

18 ねじれなどないか確認して、バランスのいいところで脇を決めて、マーカーで印をする。

19 口金をつけるためのミシン糸約4mを半分に折って縫い針に通し、さらに半分に折って玉結びを作る（4本どりにする）。結び目ぎりぎりのところで糸端をカットする。

20 口金と本体の縁編み部分の脇を合わせて位置を確認し、仮にはめてみる。脇が合わなかったら、ここで調整する。

21 最初は返し縫いで留めるため、端から2つめの穴から留め始める。2つめの穴の位置を確認してから、口金をはずす。

22 21で決めたところの縁編み2段めの編み目の根元に針を入れる。

23 玉結びを作ったループに針を通す。

24 針を引いて引き締める。こうすると、細いミシン糸でも編み地にしっかり固定できる。

25 最初に針を入れた位置に裏から針を出す。

26 口金の端から2番めの穴に針を入れる。

27 糸を引き出して、縁編みに口金をはめる。

28 口金の端の穴に針を入れて、裏側に通す。

29 口金を少しずらして裏側を見て、正しい位置（2段めのこま編みの根元）から針が出ているか確認。

30 口金を戻し、こま編み部分を入れ込む。

31 糸を引き出し、しっかり固定する。

32 裏から針を入れて、端から2番めの穴に通す。もう一度端の穴に表から針を入れ、3番めの穴に裏から針を通す。

33 2番めの穴に戻って、表から針を通す。

34 裏から針を入れて、4番めの穴に通す。次は3番めの穴に戻って、表から針を通す。

35 このように返し縫いをしながらひと針ひと針、糸を引き締めて、しっかり固定する。端は2回糸を通して引き締める。

36 口金の端で1回表に針を出し、こま編みの根元を2〜3目小さく返し縫いをしながら進む（糸は切らない）。

37 反対側の口金の2番めの穴を留める場所まで移動し、こま編みの目をすくう。

38 糸をひと結びする。

39 糸を引いてしっかり固定する。

40 2番めの穴に、口金の内側から針を通す。

41 糸を引き出して縁編みに口金をはめ、**26〜35**と同様に返し縫いで留めていく。

42 最後は**36**と同様に、小さく返しながら2〜3cm縫って糸始末する。

3色の糸を合わせた大人テイスト

レース糸のぺたんこポーチ&サコッシュ

ちょっぴりくすんだピンク、ラベンダー色、イエローの3色の糸を合わせて、
ニュアンスのある表情を楽しみます。
取りはずし自由なストラップをつければ、サコッシュとしても使えます。

用意するもの	●レース糸（DAISO レースヤーン#20太）： 本体／col.53（イエロー）・col.374（パウダーピンク）・ col.375（ラベンダー色）…各1玉 ボタンつけ用／col.381（チャコールグレー）…少々 ●かぎ針6/0号 ●ナスカン（ブロンズ・長さ23mm）…2個 ●ボタン（直径23mm）…1個

advice

平たく1枚編んでとじるだけだから簡単。糸は3色のレース糸を3本どりで編みます。色の組み合わせで表情が変わるので、いろいろ試してみて。

仕上がりサイズ	幅15×高さ10cm（ひもの長さ約100cm）

編み方	＊糸は3本どり

6 ナスカンをつけながら、ショルダーひもを編む

← 100cm（230目） →

編み始めと終わりはナスカンの穴に通して1目編む

3 42段めでボタン穴を作る

ボタン穴

2 増減なしで41段、往復でこま編みを編む

（本体）
こま編み

22.5cm
（42段）

1 鎖25目の作り目で編み始める

← 14cm（25目） →

編み終わりのカットした糸を巻き込んで編む

→40

→30

→20
←19
→18

外表に
二つ折り

→10

→5
→4
→3
→2
→1

編み始め 作り目 鎖25目

1段めは鎖の裏山を拾う

レース糸を二重にしてボタンをつける

※表から見て18段と19段の間に針を入れて17段めのところで二つ折りにする。15段と16段の間に針を出し、引き抜き編みでとじる（こま編みとこま編みの間に針を入れる）

← 15cm →

13.5cm

5 表側にボタンをつける

17段めで二つ折り

4 外表に二つ折りにして引き抜き編みでとじる。ふたの部分はこま編みの縁編みを編む

○ =鎖編み
✕ =こま編み
● =引き抜き編み
✕ =こま編み3目編み入れ
◀ =糸を切る
◁ =糸をつける

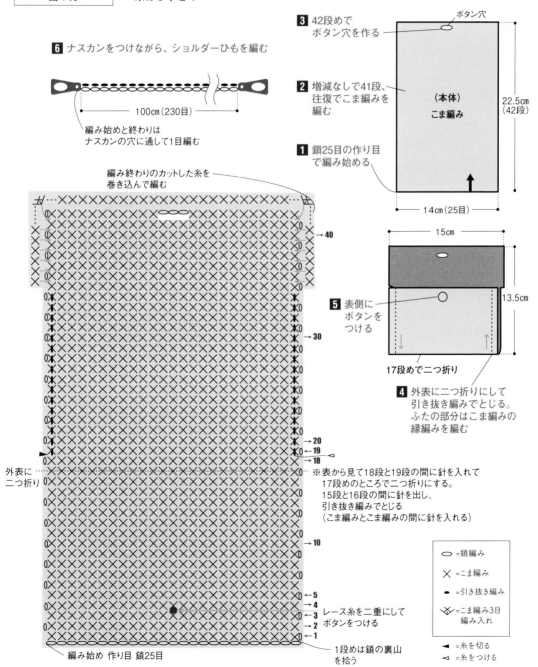

必要な編み方　鎖の作り目…P.100　鎖編み…P.101　こま編み…P.101　引き抜き編み…P.102　こま編み3目編み入れ…P.102　糸始末…P.14

1 作り目をする

作り目

鎖25目

1 3色の糸玉からそれぞれ糸を引き出して合わせ、3本どりにして鎖25目を編む(鎖の作り目)。

糸端

4 1段めの最後の目に針を入れ、糸端の下をくぐらせて矢印のように糸を引き出し、こま編みを1目編む。この目の頭にマーカーを移す。

2 本体を編む

1段め

編み始め

表

2 1段めは鎖1目で立ち上がり、作り目の鎖の裏山(P.100参照)を拾って、こま編みを編み、編み始めの目にマーカーを入れる。計25目編む。

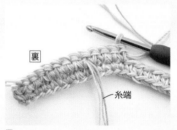

裏

糸端

5 同様に、糸端を編みくるみながらこま編みを7〜8目編み、残りは糸端をはずしてふつうにこま編みを編む。編み地の表裏の目印になるので、糸端は最後まで残しておく。

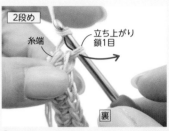

2段め

糸端　立ち上がり鎖1目

裏

3 2段めは編み地を裏にして、1段めと逆方向に編む。編み始めの糸端を編み地の裏側に持ってきてから、立ち上がりの鎖1目を編む。

1段めの編み始め

6 2段めの最後(25目め)は、1段めの編み始めの目にこま編みを編み入れる。1、2段めと同様に、奇数段は表、偶数段は裏を見てこま編み25目を往復に41段めまで編む。

3 ボタン穴を作る

42段め

3目

7 42段めでボタン穴を作る。鎖1目で立ち上がり、こま編み11目を編む。ボタン穴用に鎖3目を編み、3目とばしてこま編みを1目編む。

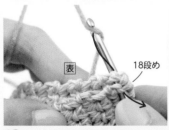

表

18段め

10 編み地を外表に二つ折りにして16段めと17段めの間(**9**の★)に針を出し、糸をかけて引き出す。

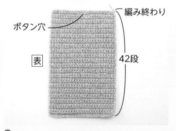

編み終わり

ボタン穴

表　42段

8 残り10目もこま編みを編み、本体の編み終わり。糸は10cmほど残して切る。

11 次は19段めと20段めの間に針を入れ、15段めと16段めの間に針を出し、引き抜き編みを1目編む。

4 周囲をとじる

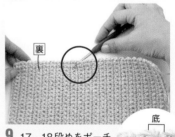

裏

底

★　☆

9 17、18段めをポーチの底にする。18段めと19段めの間の☆のところに表から針を入れる。

12 同様に、段と段の間に針を入れて糸をかけ、引き抜き編みで2枚の編み地をとじていく。

*ここからは見やすくするために、違う色の糸を使用しています

36

13 16目引き抜き編みを編んで、ふたの部分まで来たら、こま編みに変える。

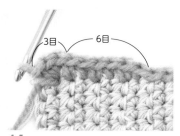

3目　6目

14 ふたの角の部分は同じところにこま編みを3目編む(こま編み3目編み入れ)。

編み終わりの糸端

15 角の3目を編んだら、**8**の本体編み終わりの糸端を編み地の裏側におき、編みくるみながらこま編みを編む。

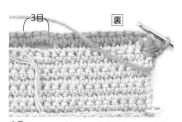

3目　裏

16 ボタン穴のところは、**7**で編んだ鎖を編みくるみながらこま編み3目を編む。反対側の角も**14**と同様に、同じところにこま編みを3目編む。

17 ふたのこま編みが編み終わったら、本体折り返しの袋口を合わせて34段めと35段めの間に針を入れ、反対側と同様に引き抜き編みでとじる。

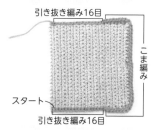

引き抜き編み16目

こま編み

スタート

引き抜き編み16目

18 ぐるっと1周とじたところ。

---

5 ボタンをつける

19 最後の目は糸を引き出し、とじ針に通して反対側に通してから、内側で始末する。

20 ボタンつけ用のレース糸をとじ針に通し、2本どりにする。長めに糸を残し、ボタンつけ位置に裏から糸を通す。ボタンの穴を通して、編み地の裏に通す。

21 編み地の裏側で、残していた糸と固結びし、しっかり留める。

22 結び目の際から編み地の表に針を戻し、ボタンの根元に3〜4回ぐるぐる糸を巻き、裏に通す。

23 もう一度裏側で固結びし、糸端を編み目の裏に通して始末する。

24 本体のでき上がり。

6 ショルダーひもを編む

25 糸3本どりで糸端を10cmほど残して編み始めの目を1目作り、長めに引き出してナスカンのわの部分に通す。

26 通した目に針を戻し、少し目を引き締めてから鎖1目を編む。これでナスカンがつながる。

27 230目鎖編みを編む。<u>伸びやすいので、少しきつめに編むとよい。</u>

28 編み終わりの目をもう1個のナスカンのわに通して鎖1目を編む。糸を引き出し、10cmほど残してカットする。

29 糸端をとじ針に通し、最後の鎖目に通す。

30 糸端を引いて引き締める。

31 もう一度ナスカンのわに通す。これでナスカンに二重に糸が通って丈夫になる。

32 鎖目の半目を4〜5目すくって糸端を通したら、次はもう片側をすくってナスカンのほうに針を戻して糸をカットする。

33 編み始め側の糸端も**29**〜**32**と同様に処理する。ショルダーひものでき上がり。

レース糸のぺたんこポーチ&サコッシュ

Part 2

遊び心あふれる
お出かけバッグ

お買い物やレジャーに活躍するバッグがたくさん！
ビニールひもや事務用の麻ひもなど、変わった素材も使います。
好きなデザインを選んで、ぜひ編んでみて。

こま編みが編めれば作れちゃう！

ビニールひものバケツ形バッグ

白と赤のビニールテープ2本どりで編むバッグ。

大きさの違うこま編みを組み合わせた編み地で、シンプルなのにおしゃれな仕上がりに。

インテリアの小物入れなどにも使えます。

用意するもの	●ビニールテープ（DAISO 平巻きテープ） 　赤・白…各1玉 ●かぎ針10/0号

仕上がりサイズ	幅40×高さ25cm

編み方	＊糸はビニールテープ2本（赤・白各1本）どり

3 持ち手を作る。
34段めで持ち手の口を作り、35〜37段めまで模様編みを編む

5 持ち手の口のまわりを引き抜き編みで1周編む

2 側面を編む。1段72目、こま編みを編む。次の段からこま編みの模様編みを33段めまで編む

4 引き抜き編みで縁を1周編む

80cm（72目）　　　― 引き抜き編み

10目　　16目　　10目

こま編みの模様編み

1cm（1段）
3.5cm（4段）
20.5cm（21段）
11.5cm（12段）

1 わの作り目で編み始め、目を増やしながら往復で12段底を編む

わ

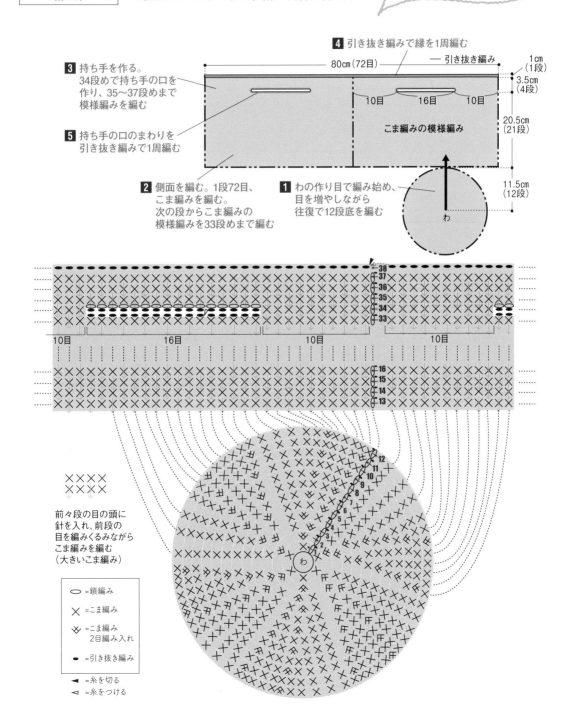

10目　16目　10目　10目

38 37 36 35 34 33

16 15 14 13

××××
××××

前々段の目の頭に針を入れ、前段の目を編みくるみながらこま編みを編む（大きいこま編み）

○ =鎖編み
× =こま編み
⋎ =こま編み 2目編み入れ
・ =引き抜き編み
◀ =糸を切る
◁ =糸をつける

11 10 9 8 7 6 5 4 3 2 1

わ

必要な編み方

わの作り目…P.100　鎖編み…P.101　こま編み…P.101　引き抜き編み…P.102

こま編み2目編み入れ…P.102　糸始末…P.14

■ 糸の準備

白、赤を合わせる

2色のテープを引き出して合わせ、指で巻き取る。

ある程度の長さを巻き取ったら指からはずし、方向を変えてさらに巻き取る。

途中途中で束を絞るようにしておくと、テープが柔らかくなって編みやすい。

1　わの作り目で底を編む

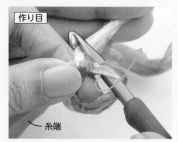
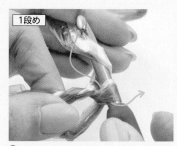
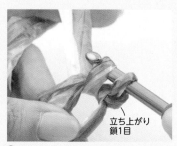

作り目　糸端

1段め

立ち上がり鎖1目

1 赤と白の2本どりで糸端側を奥にして丸めてわを作り、重なりの部分を指で押さえる。わの中に針を入れ、糸をかけて引き出す（わの作り目）。

2 針に糸をかけて、立ち上がりの鎖1目を編む。

3 わの中に針を入れ、糸をかけて引き出す。

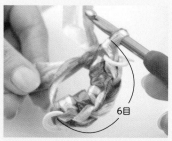

こま編み

6目

4 針に糸をかけて2ループを引き抜き、こま編みを1目編む。編み始めの印にマーカーを入れる。

5 同様に続けて、こま編みを計6目わの中に編み入れる。編み終わりの目の頭にもマーカーを入れる。

6 編み地を押さえながらわを作った糸端を引いて、わを縮める。

42

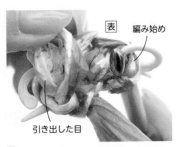

7 針にかかっている目を長めに引き出して針からはずし、左手で押さえる。編み始めの目に裏から針を入れる。

1段めの編み終わり

表

8 押さえていた目を針にかけて、編み地の裏に引き抜く。底の奇数段の編み終わりは、すべて同様にする。

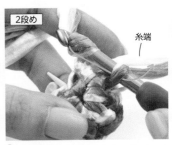

2段め

糸端

9 編み地を裏にして、立ち上がりの鎖を1目編む。

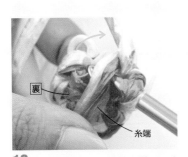

裏

糸端

10 糸端を編み地の手前に置き、その下をくぐらせて次の目(1段めの編み終わりの目)に針を入れ、こま編みを編み、目の頭にマーカーを移す。

糸端

11 **10**と同じ目にもう1目、こま編みを編む(**10**と同様に、糸端は編みくるむ)。同様に1目に2目ずつ、こま編みを編み入れていく(こま編み2目編み入れ)。

12 12目めにマーカーを移す。編み終わりは編み始めの目に針を入れ、糸をかけて引き抜く。底の偶数段の編み終わりは、すべて同様にする。

43

ビニールひものバケツ形バッグ

2段めの編み終わり

裏

13 2段めの編み終わり。1段めの6目に各2目ずつこま編みを編み入れ、計12目になる。

3段めの編み終わり

表

14 3段めは編み地を表に返して編む。鎖1目で立ち上がり、「1目にこま編み2目編み入れ+こま編み1目」を6回繰り返し、計18目にする。

底(12段め)の編み終わり

15 奇数段は表、偶数段は裏を見て、往復しながら底を編む。1段に6目ずつ増やし(P.41の編み図参照)、12段で72目になる。

2 側面を編む

`13段め`

16 側面はつねに表を見て同じ方向に編む。13段めは編み地を表に返し、72目こま編みを編む。最後は**7~8**と同様に裏から引き抜く(側面はすべて同様にする)。

`14段め`

ふつうのこま編み

17 14段めから模様編みスタート。鎖1目で立ち上がり、1目めはこま編みを1目編む(ふつうのこま編み)。編み始めのマーカーを移す。

18 2目めは前段のこま編みの足元(**17**の★)に針を入れ、糸を長めに引き出してこま編みを編む(大きいこま編み)。

大きいこま編み

19 前段の目を編みくるむ形で、大きいこま編みを編んだところ。1目めのふつうのこま編みと高さをそろえるため、糸は長めに引き出すこと。

20 ふつうのこま編み、大きいこま編みを1目ずつ交互にくり返して1段編む。

21 14段めの最後は大きいこま編みを編み、編み終わりのマーカーを移す。

22 **7~8**と同様に、段の編み始めに裏から引き抜く。

`15段め`

23 15段めは鎖1目で立ち上がり、1目めは前段のこま編みの足元(☆)に針を入れ、長めに糸を引き出して大きいこま編みを1目編む。

大きいこま編み

24 2目めは前段の大きいこま編みの頭(♥)に針を入れて、ふつうのこま編みを1目編む。

25 23、24と同様に、大きいこま編み、ふつうのこま編みを1目ずつ交互にくり返して1段編む。7～8と同様に編み始めに裏から引き抜く。

16段め

26 16段めは鎖1目で立ち上がり、14段めと同様にふつうのこま編み、大きいこま編みを1目ずつくり返して編む。

27 17段め以降も14段め、15段めと同様に、交互にこま編みの模様編みを編んでいく。

28 編み地が大きくなって編みにくいときは、適当なところで二つ折りにすると持ちやすい。

29 33段めまでくり返して編む。

3 持ち手を作る

34段め

鎖16目

30 34段めで持ち手のベースを作る。鎖1目で立ち上がり、こま編みの模様編みを10目編む。続けて持ち手のベースとなる鎖16目を編む。

16目

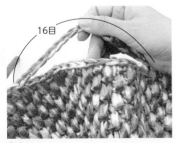

31 本体も16目あけて、次の目から続けて10目、模様編みを編む。反対側も同様に、こま編みの模様編み10目、鎖16目、模様編み10目を編む。

35段め

32 35段めは鎖1目で立ち上がり、持ち手の鎖の手前までこま編みの模様編みを10目編む。

33 持ち手の部分は、鎖の裏山を残して鎖目を拾い、こま編みを16目編む。

34 持ち手のこま編みを編んだら、こま編みの模様編みを10目編む。

35 反対側の持ち手部分も**32〜34**と同様に編み、**7〜8**と同様に編み始めに裏から引き抜く。

36 36段めは鎖1目で立ち上がり、持ち手の手前までこま編みの模様編みを10目編む。

37 持ち手部分も、ふつうのこま編み、大きいこま編みを1目ずつ交互に編む。模様編みを続けて1段編み、**7〜8**と同様に編み始めに裏から引き抜く。

38 37段めも鎖1目で立ち上がり、こま編みの模様編みを1段編む。

39 最後は**7〜8**と同様に編み始めに裏から引き抜く。

4 縁を編む

40 38段めは立ち上がりなしで、前段の目に針を入れて引き抜き編みを編む。

41 引き抜き編みで1周、編む。

42 最後の目を引き抜き編みで編んだら、糸を15cmほど残して切り、最後の目から引き出す。

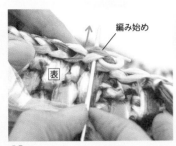

43 糸をとじ針に通し、編み始めの目に表から針を入れて、裏に通す。

44 編み終わりの目に表から針を入れ、編み地の裏側に出す。

45 糸を引いて引き締めると、編み目がつながって見える仕上がりに。糸端は編み地の裏側で始末する。

5 持ち手の内側の縁を編む

46 編み地の裏に新しい糸をおき、持ち手の内側の途中、数目めに表から針を入れて新しい糸を引き出す。

47 糸端を編み地の裏において、1目めは糸端の下に針をくぐらせて編み糸を針にかけ、引き抜き編みを編む。

48 次の目は裏の糸端をはずして、ふつうに引き抜き編みを1目編む。1目おきに交互に数目編みくるむ（<u>引き抜き編みは交互に編みくるむことで、糸が抜けにくくなる</u>）。

49 ぐるっと1周引き抜き編みを編む。持ち手の鎖16目側は鎖の裏山を拾って引き抜く。

50 引き抜き編みの最後は、**43〜45**と同様に処理する。同様に、反対側の持ち手の内側の縁を編む。

ミニサイズがかわいい

花模様のかごバッグ

このバッグの
編み方動画はこちら

ちょっとしたお出かけに、お財布やスマホを入れるのにちょうどいい大きさ。
使ったのは事務用の麻ひもと、グラデーションがきれいな中細糸。
花模様の部分は麻ひもだけにして、メリハリのあるデザインにしました。

用意するもの	●中細ストレートヤーン (Seria おとなグラデーション) : col.1 (ブルー系) …1玉　麻ひも (コクヨ ホヒー31) …1玉　●かぎ針10/0号

advice
毛糸と２本どりにすると、麻ひもだけで編むより滑りがよく、ビギナーの方でも編みやすいのでおすすめ。グラデーションの糸を使うと、ニュアンスのある表情に仕上がります。

仕上がりサイズ	幅25×高さ14.5cm

編み方	＊糸は中細ストレートヤーンと麻ひもの２本どり (模様編み部分は麻ひものみ)

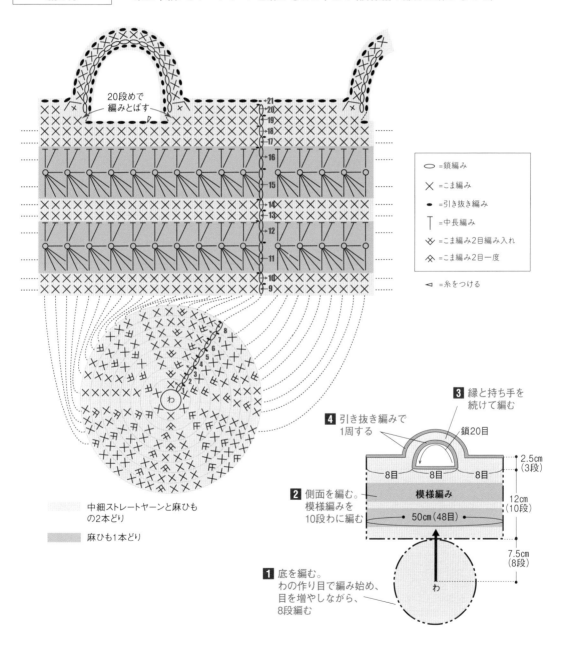

20段めで編みとばす

＋21
＋20
＋19
＋18
＋17
＋16
15
＋14
＋13
＋12
11
＋10
＋9

=鎖編み
✕ =こま編み
● =引き抜き編み
T =中長編み
Ｖ =こま編み2目編み入れ
Ａ =こま編み2目一度

◁ =糸をつける

中細ストレートヤーンと麻ひもの2本どり

麻ひも1本どり

3 縁と持ち手を続けて編む
鎖20目

4 引き抜き編みで1周する

8目　8目　8目

2.5cm (3段)

2 側面を編む。模様編みを10段わに編む

模様編み

12cm (10段)

●50cm (48目)●

7.5cm (8段)

わ

1 底を編む。わの作り目で編み始め、目を増やしながら、8段編む

必要な編み方
わの作り目…P.100　鎖編み…P.101　こま編み…P.101　中長編み…P.101　引き抜き編み…P.102
こま編み2目編み入れ…P.102　中長編み2目編み入れ…P.102　こま編み2目一度…P.102　糸始末…P.14

1 わの作り目で底を編む

作り目

1 糸は麻ひもと中細糸の2本どりで編む。糸端側を奥にして丸めてわを作り、重なりの部分を指で押さえる。

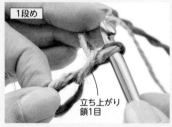

1段め

2 わの中に針を入れ、糸をかけて引き出し、立ち上がりの鎖1目を編む。

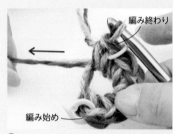

3 続けてわの中にこま編み6目を編み入れ、編み始めと編み終わりの目にマーカーを入れる。糸端を引いてわを引き締める。

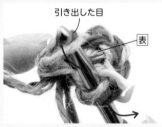

4 針にかかっている目を長めに引き出して針からはずし、左手で押さえる。編み始めの目に裏から針を入れ、押さえていた目を針にかけて、編み地の裏に引き出す（模様編み以外の奇数段の編み終わりは同様にする）。

2段め

5 2段めは、編み地を裏にして1段めと逆方向に編む。鎖1目で立ち上がり、糸端を編み地の手前において編みくるみながら、前段の1目にこま編みを2目編み入れる。

2段めの編み終わり

6 1目にこま編みを2目ずつ編み入れ、計12目編む。最後は編み始めの目にふつうに引き抜く（模様編み以外の偶数段の編み終わりは同様にする）。

7 3段めは編み地を表に返し、鎖1目で立ち上がる。「1目にこま編み2目編み入れ＋こま編み1目」を6回くり返し、計18目編む。

2 側面を編む

8 奇数段は表、偶数段は裏を見て、往復しながら底を編む。1段に6目ずつ増やし（P.49の編み図参照）、8段で48目になる。

底（8段め）の編み終わり

10段め

9 9、10段めはこま編みを増減なしで48目ずつ編む。10段めの48目めはこま編みの途中まで編み、中細糸をはずして麻ひものみを針にかけて引き抜く。

10 はずした糸を編み地と編み糸の間において編みくるみながら、編み始めの目に引き抜く。

10段めの編み終わり

11 10段めの編み終わり。少し縁が立ち上がってくる。

11段め

12 11段めは鎖3目で立ち上がる。麻ひもで鎖1目を編み、はずした中細糸を編み糸の上において編みくるみながら2目めの鎖を編む。

50

13 鎖3目めも同様に、はずした糸を編みくるんでいっしょに上に上げる。

14 立ち上がりの鎖3目めの裏山（P.100参照）に針を入れる。

15 針に糸をかけて糸を引き出す。針にかかっている目と長さをそろえる。

16 同様に、鎖2目め、1目めの裏山に針を入れて、それぞれ糸を引き出す。

17 編み地を表に返し、10段めの編み終わりの目（**16**の☆）に針を入れ、糸をかけて引き出す。続けて次の目にも針を入れ、糸をかけて引き出す。

18 針に糸をかけて、針にかかっている6ループを一度に引き抜く。

19 6ループを引き抜いたところ。

20 小さめの鎖1目を編む。

21 **20**でできたループ（**20**の★）に針を入れ、糸をかけて引き出す。続けて**20**の♡の糸に裏側から矢印のように針を入れ、糸を引き出す。

22 a、b、cにもそれぞれ針を入れ、糸をかけて引き出す。

23 針に糸をかけて、針にかかっている6ループを一度に引き抜く。

24 小さめの鎖1目を編む。

51

25 21〜24をくり返して、模様編みを計24セット編む。24セットめは6ループを針にかけてから、穴があかないように立ち上がりの鎖2目めにも針を入れ、糸をかけて一度に引き抜く。

26 鎖1目を編み、立ち上がりの鎖と1目めの間(♥)に針を入れ、糸をかけて引き抜く。

27 11段めの模様編みが編み終わったところ。

28 12段めは編み地を裏にして、鎖2目で立ち上がる(はずした中細糸は**12〜13**と同様に編みくるむ)。針に糸をかけ、前段の模様編みの頭(◇)に針を入れて中長編み1目を編む。

29 **28**と同じ目にもう1目中長編みを編む(中長編み2目編み入れ)。続けて、次の模様編みの頭(◆)に針を入れて、中長編み2目を編む。

30 同様に中長編み2目編み入れを続けて計24回編み、最後は立ち上がりの鎖と次の目の間(♤)に針を入れる。このとき、持ち上げておいた中細糸を戻して2本どりにする。

31 針に糸をかけ、編み終わりの目に引き抜く。

32 13段めは表、14段めは裏を見て鎖1目で立ち上がり、こま編みを1周ずつ編む。14段めの48目めは**9**と同様に麻ひものみ引き抜き、**10**と同様に編み始めに引き抜く。

33 **12〜32**の11〜14段めと同様に、「模様編み2段+こま編み2段」をもう1セット往復で編む。18段めまで編んだところ。

3 持ち手を続けて編む

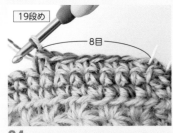

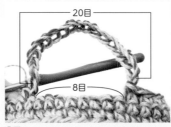

34 19段めで持ち手を作る。編み地を表に返して鎖1目で立ち上がり、こま編みを8目編む。

35 持ち手の鎖20目を編む。8目あけて、9目めから8目こま編みを編む。反対側も同様に編み、持ち手を作る。

36 20段めは編み地を裏にして鎖1目で立ち上がり、こま編み6目を編む。7目めに針を入れて糸を引き出し、8目めをとばして持ち手の鎖1目の頭に針を入れ、糸を引き出す。

52

37 針に糸をかけて、3ループを一度に引き抜く（こま編み2目一度）。

2目一度の目

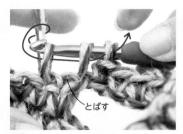

38 続けて持ち手の鎖18目にこま編みを編み入れる。鎖20目めと本体の次の目をとばしてその次の目から糸を引き出し、こま編み2目一度を編む。

とばす

39 持ち手の両側の根元の部分をこま編み2目一度で編むことで、きれいなカーブを作れる。

2目一度の目

4 縁を編む

20段めの編み終わり

40 反対側の持ち手部分も同様にして、1段編む。

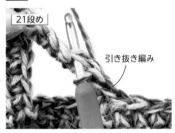

21段め

引き抜き編み

41 21段めは編み地を表に返し、立ち上がりなしで縁と持ち手の外側を引き抜き編みで1段編み、15cmほど残して糸を切って糸始末する。

新しい糸

2目

表

42 持ち手内側の縁を編む。編み地の裏に糸をおき、持ち手部分の本体の3目めに表から針を入れて新しい糸を引き出し、内側の縁編みを編む。

糸端を編みくるむ

43 4目めに針を入れ、編み地の裏側に糸端をおき、その下をくぐらせて引き抜き編みを編む。

糸端をはずす

44 次の目は糸端をはずしてふつうに引き抜き編みを編む。1目おきに糸端を編みくるみながら、計5目引き抜き編みを編む。

45 続けて持ち手の鎖の裏山（♠）に針を入れる。

46 糸をかけて引き抜き編みを編む。本体と持ち手の間が少しあいているので、ぐっと引き締めながら編む。

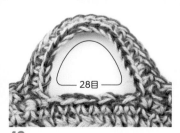

47 続けて**46**の矢印のように針を入れ、持ち手の内側に1目ずつ引き抜き編みを編む（計20目）。

28目

48 本体に戻って2目引き抜き、糸始末する。もう一方の持ち手の内側も同様に編む。

ふっくらこま編みのツーウェイバッグ

ふつうのこま編みと大きなこま編みをくり返して編むだけで、こんな素敵な編み地に。
ショルダーひもをはずすと、クラッチバッグのようにも使えます。

用意するもの	【本体】

【本体】
●極太ストレートヤーン（Seria ひつじちゃんナチュラル
　極太）：col.4（グレージュ）…12玉
●かぎ針10/0号
【ショルダーひも】
●極太ストレートヤーン（Seria ひつじちゃん
　ナチュラル極太）：col.4（グレージュ）…2玉
●ナスカン（ブロンズ・3.8cm）…2個
●かぎ針8/0号

advice
極太糸３本どりなので、ざくざく編めます。ふっくら感を出すため、大きいこま編みは、糸を長めに引き出して、編みましょう。

仕上がりサイズ	幅25×高さ20cm（ひもの長さ約83cm）

編み方	＊糸は３本どり（ショルダーひもは２本どり）

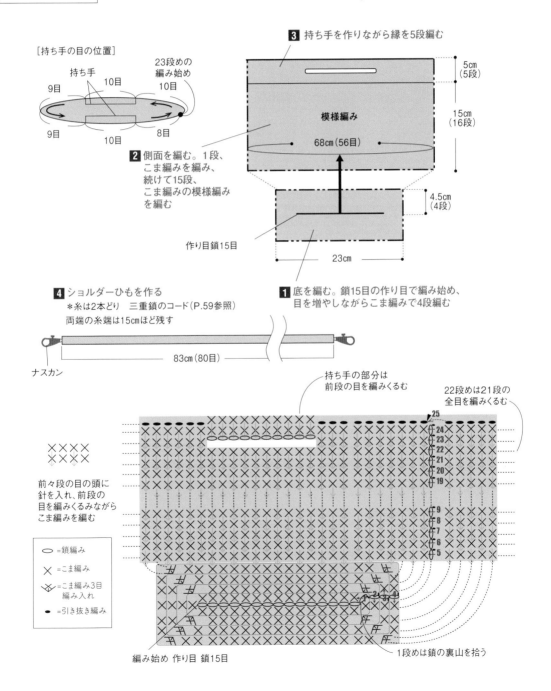

3 持ち手を作りながら縁を5段編む

5cm（5段）

15cm（16段）

模様編み
68cm（56目）

4.5cm（4段）

23cm

[持ち手の目の位置]

持ち手

9目　10目
23段めの編み始め
10目

9目　10目　8目

2 側面を編む。1段、こま編みを編み、続けて15段、こま編みの模様編みを編む

作り目鎖15目

1 底を編む。鎖15目の作り目で編み始め、目を増やしながらこま編みで4段編む

4 ショルダーひもを作る
＊糸は２本どり　三重鎖のコード（P.59参照）
両端の糸端は15cmほど残す

83cm（80目）

ナスカン

持ち手の部分は
前段の目を編みくるむ

22段めは21の
全目を編みくるむ

前々段の目の頭に
針を入れ、前段の
目を編みくるみながら
こま編みを編む

25
24 23 22 21 20 19

9 8 7 6 5

○ =鎖編み
× =こま編み
※ =こま編み3目編み入れ
● =引き抜き編み

編み始め 作り目 鎖15目

1段めは鎖の裏山を拾う

ふっくらこま編みのツーウェイバッグ

必要な編み方 ▶ 鎖の作り目…P.100 ｜ 鎖編み…P.101 ｜ こま編み…P.101 ｜ 引き抜き編み…P.102

こま編み3目編み入れ…P.102 ｜ 糸始末…P.14

1 作り目をして底を編む

`1段め`

1 糸3本どり、かぎ針10/0号で鎖15目を編む（作り目）。鎖1目で立ち上がり、鎖の裏山（P.100参照）を拾ってこま編みを編み、マーカーを入れる。

立ち上がり鎖1目

糸端

2 15目編み、16目めは15目めと同じ目に針を入れ、こま編みを編む。糸端は編み糸の下におき、編みくるむ。

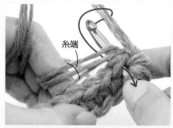

糸端

3 17目めも**2**と同じ目に針を入れ、こま編みを編む。糸端は編み地の裏側におき、その下をくぐらせて編みくるむ。15、17目めにマーカーを入れる。

糸端 ★ 3目

4 作り目の1目め（★）に3目こま編みを編み入れたところ。続けて矢印のように針を入れ、30目まで編む。糸端は数目編みくるんでから、はずす。

3目

5 31、32目めは編み始めの1目めと同じ目にこま編みを2目編み入れ、31目めにマーカーを入れる。同じ目に3目編み入れたことになる。

編み始め 引き出した目

6 針にかかっている目を長めに引き出して針からはずし、左手で押さえる。編み始めの目に裏から針を入れ、はずした目を針にかけて引き抜く。

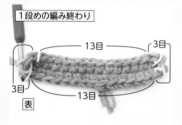

`1段めの編み終わり`

3目 13目 3目 / 3目 13目 / 表

7 1段めの編み終わり。同じ目に3目編み入れたところの、1目めと3目め（1、15、17、31目め）に水色マーカーを入れた状態になる。32目めに編み終わりのピンクマーカーを入れる。

`2段め`

3目

8 2段めは編み地を裏にして鎖1目で立ち上がる。こま編み1目を編み、ピンクマーカーを移す。水色マーカーの1目めにこま編みを3目編み、まん中の目にマーカーを移す。

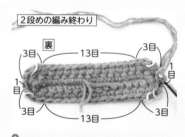

`2段めの編み終わり`

裏 3目 13目 3目 / 1目 1目 / 3目 13目 3目

9 続けてこま編みで編み、前段で水色マーカーを入れた目はこま編み3目を編み入れて、まん中の目にマーカーを移す。計40目編み、編み終わりの目にピンクマーカーを入れ、ふつうに引き抜く。

2 側面を編む

`底（4段め）の編み終わり`

表

10 3段めは表を見て、**8**～**9**と同様に8目増やして48目こま編みを編み、**6**と同様に裏から引き抜く。4段めは編み地を裏にし、8目増やして56目こま編みを編み、ふつうに引き抜く。

`6段め`

★ ふつうのこま編み

11 側面はすべて編み地の表を見て編み、編み終わりは**6**と同様に裏から引き抜く。5段めは鎖1目で立ち上がり、こま編みを56目編む。6段めは鎖1目で立ち上がり、こま編みを1目編む。

大きいこま編み

12 次は前段のこま編みの足元（**11**の★）に針を入れ、長めに糸を引き出してこま編みを1目編む（大きいこま編み）。続けて矢印のように針を入れ、ふつうのこま編み、大きいこま編みを編む。

13 ふつうのこま編み、大きいこま編みを1目ずつ交互に編む。編み終わりは毎段**6**と同様に、編み始めに裏から引き抜く。

7段め

14 7段めは鎖1目で立ち上がり、前段のこま編みの足元(☆)に針を入れる。

大きいこま編み

15 糸を長めに引き出して、大きいこま編みを編む。

ふつうのこま編み

16 次はふつうのこま編みを編む。続けて矢印のように針を入れて、大きいこま編み、ふつうのこま編みを編む。

17 大きいこま編み、ふつうのこま編みを1目ずつ交互に編む。

8段めの編み終わり

18 8段めは鎖1目で立ち上がり、**11**〜**13**の6段めと同様にふつうのこま編み、大きいこま編みを交互に編む。

3 持ち手を作りながら縁を編む

20段めの編み終わり

19 **14**〜**18**をくり返して、20段めまで側面を編む。

21段め

20 21段めは鎖1目で立ち上がり、前段のこま編みの頭に針を入れてこま編みを編む。

21 続けて1周、ふつうのこま編みを編む。編み終わりは毎段**6**と同様に、編み始めに裏から引き抜く。

21段めの編み終わり

22 21段めが編めたところ。

22段め

23 22段めは鎖1目で立ち上がり、前段のこま編みの足元に針を入れて大きいこま編みを編む。

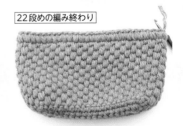

22段めの編み終わり

24 22段めが編めたところ。次の段で持ち手を作るため、本体の左右の位置を決める。編み始めが少し後ろにずれるため、次の段で目数を調整する。

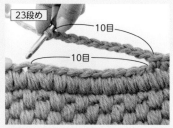

25 23段めは鎖1目で立ち上がり、こま編み10目を編み、鎖10目を編んで、10目あけてこま編みに戻る。こま編み18目、鎖10目、こま編み8目を編む。

26 23段めの編み終わり。持ち手のベースができたところ。

27 24段めは鎖1目で立ち上がり、大きいこま編みで前段のこま編みを編みくるみながら進む。持ち手のところは、鎖の裏山を残して鎖目を拾い、こま編みを編む。

28 持ち手はすべてこま編みを編む。

29 残りの部分は、大きいこま編みを編む。

30 24段めが編めたところ。

58

31 25段めは立ち上がりなしで、大きいこま編みの部分は引き抜き編みを編む。

32 持ち手部分は、前段のこま編みを編みくるみながら、大きいこま編みを編む。

33 編み終わったら、15cmほど残して糸を切る。糸を引き出してとじ針に通し、編み始めの目に針を入れ、表から裏に通して糸を引く。

34 編み終わりの目に表から針を入れ、編み地の裏側に出して糸を引く。

35 目がつながってきれいに仕上がる。

36 本体のでき上がり。

4 ショルダーひもを作る

37 糸2本どり、かぎ針8/0号で糸端を15cmほど残して鎖1目を編み、針からはずしてナスカンの根元のわに入れる。

38 針を戻して鎖2目を編む。

39 2目めの裏山(P.100参照・**38**の★)に針を入れ、糸をかけて引き出す。

40 同様に、1目めの裏山に針を入れ、糸をかけて引き出す。

41 左の2目をはずして手前において押さえる。残りの1目は鎖編みを編む。

42 まん中の目を針に戻し、鎖1目を編む。

43 残りの1目も針に戻し、鎖1目を編む。

44 **41~43**を1セットとして計79回編む。最後はまず左2目をはずし、鎖1目を編む。

45 2目めをもうひとつのナスカンのわに通し、鎖1目を編む。

46 3目めを針に戻して鎖1目を編む。

47 3目めを右2目に通して引き出す。

48 鎖1目を編んで引き締める。糸を15cmほど残して切り、とじ針に通す。

49 編み地の先端を折り返すようにして、ナスカンの根元の目に通す。

50 ナスカンのわに針を通す。これをもう一度くり返して、根元の目に横に糸を通してから始末する。

51 ナスカンを編みくるみながら編むので、しっかり留められて丈夫になる。

ふっくらこま編みのツーウェイバッグ

ビビッドな色使いがアクセント

色違いのハンドルバッグ

ライトグレーの本体部分は3つ共通。
縁編みとハンドル部分だけ、デザインと色を変えています。
マチもあってたっぷりものが入れられるので、
お出かけに大活躍！

用意するもの

[本体（共面）]
●極太ストレートヤーン（Seria
　なないろ彩色）：col.11（ライトグレー）…6玉
[ハンドル]
●水色／極太ストレートヤーン（Seria なないろ
　彩色）：col.8（水色）…3玉
●紫／極太ストレートヤーン（Seria なないろ彩
　色）：col.15（紫）…3玉
●オレンジ／極太ストレートヤーン（Seria なない
　ろ彩色）：col.13（オレンジ）…2玉
●かぎ針10/0号

仕上がりサイズ

水色／幅36×高さ22cm（持ち手含まず）
紫／幅36×高さ22cm
オレンジ／幅36×高さ19cm（持ち手含まず）

advice

模様編みは、こま編みを編み入れる目を間違えないように注意しましょう。また、模様編みは立ち上がりの位置が少しずつ斜めになっていくので、縁を編むときに持ち手の位置を調整します。

編み方	＊糸は2本どり

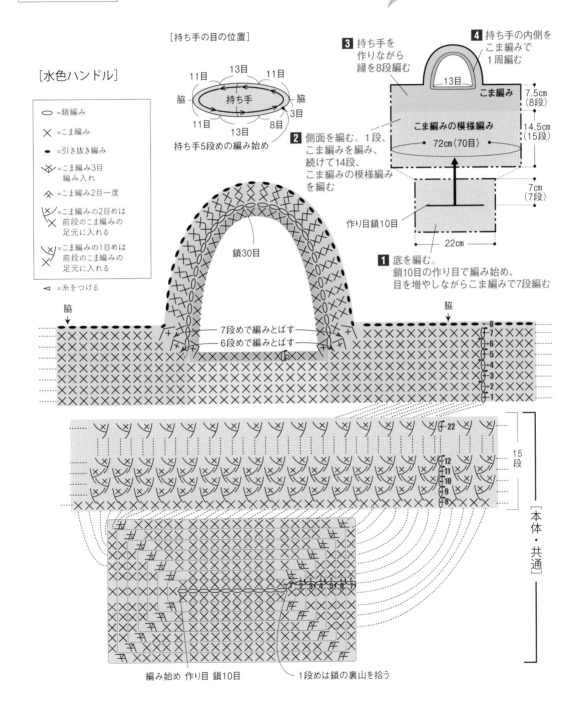

[持ち手の目の位置]

11目　13目　11目
脇　持ち手　脇
11目　13目　8目
持ち手5段めの編み始め

[水色ハンドル]

◯ =鎖編み
✕ =こま編み
● =引き抜き編み
◊ =こま編み3目編み入れ
◇ =こま編み2目一度
=こま編みの2目めは前段のこま編みの足元に入れる
=こま編みの1目めは前段のこま編みの足元に入れる
◁ =糸をつける

3 持ち手を作りながら縁を8段編む

4 持ち手の内側をこま編みで1周編む

13目　こま編み　7.5cm（8段）

こま編みの模様編み　14.5cm（15段）

72cm（70目）

側面を編む。1段、こま編みを編み、続けて14段、こま編みの模様編みを編む

作り目鎖10目　7cm（7段）

22cm

1 底を編む。鎖10目の作り目で編み始め、目を増やしながらこま編みで7段編む

鎖30目

7段めで編みとばす
6段めで編みとばす

脇　脇

15段

[本体・共通]

編み始め 作り目 鎖10目　1段めは鎖の裏山を拾う

61

色違いのハンドルバッグ

編み方	*糸は2本どり

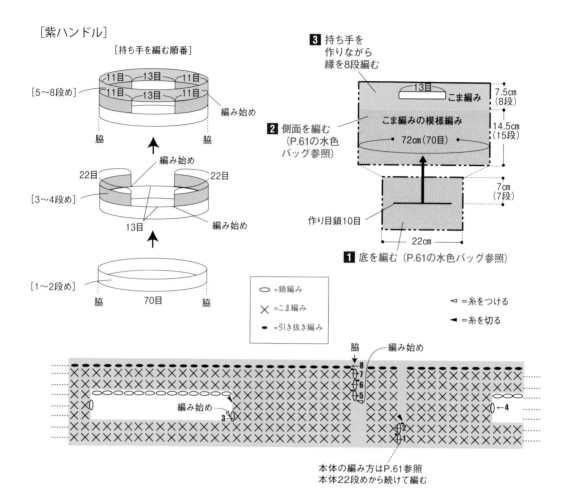

[紫ハンドル]

[持ち手を編む順番]

3 持ち手を
作りながら
縁を8段編む

[5～8段め] 11目 13目 11目　11目 13目 11目
編み始め
脇　脇

編み始め
22目　22目
[3～4段め]
13目　編み始め

[1～2段め]
脇　70目　脇

13目　こま編み
こま編み

こま編みの模様編み
72cm(70目)

7.5cm
(8段)

14.5cm
(15段)

2 側面を編む
(P.61の水色
バッグ参照)

作り目鎖10目

7cm
(7段)

22cm

1 底を編む(P.61の水色バッグ参照)

◯ =鎖編み
✕ =こま編み
• =引き抜き編み

◁ =糸をつける
◀ =糸を切る

脇　編み始め
8
7
6
5

編み始め
3

4

2
1

本体の編み方はP.61参照
本体22段めから続けて編む

| 編み方 | ＊糸は2本どり |

[オレンジハンドル]

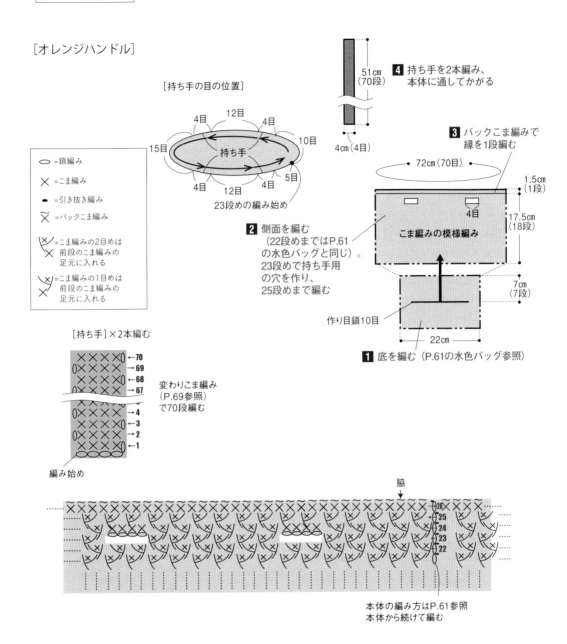

[持ち手の目の位置]

4目　12目　4目
15目　　持ち手　　10目
4目　12目　4目　5目
23段めの編み始め

○ =鎖編み
× =こま編み
● =引き抜き編み
▽ =バックこま編み
▽ =こま編みの2目めは前段のこま編みの足元に入れる
▽ =こま編みの1目めは前段のこま編みの足元に入れる

[持ち手]×2本編む

←70
→69
←68
→67
変わりこま編み
（P.69参照）
で70段編む
→4
←3
→2
←1
編み始め

51cm（70段）
4cm（4目）

4 持ち手を2本編み、本体に通してかがる

3 バックこま編みで縁を1段編む

72cm（70目）
1.5cm（1段）
4目
17.5cm（18段）
こま編みの模様編み
7cm（7段）
22cm

2 側面を編む（22段めまではP.61の水色バッグと同じ）。23段めで持ち手用の穴を作り、25段めまで編む

作り目鎖10目

1 底を編む（P.61の水色バッグ参照）

脇
→26
←25
→24
←23
→22
本体の編み方はP.61参照
本体から続けて編む

63

色違いのハンドルバッグ

必要な編み方

本体の編み方

鎖の作り目…P.100 | 鎖編み…P.101 | こま編み…P.101 | 引き抜き編み…P.102 | こま編み3目編み入れ…P.102
糸始末…P.14

1 作り目をして底を編む

作り目

1 糸2本どりで鎖10目を編む(作り目)。

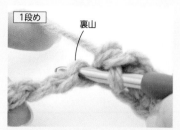

1段め　裏山

2 鎖1目で立ち上がり、作り目の鎖の裏山(P.100参照)を拾って、こま編みを10目編む。1目めに水色マーカーを入れる。

糸端

3 糸端を編み地の裏側において、下をくぐらせるようにして編みくるみながら11、12目めも10目めと同じ目にこま編みを編み入れる。

4 10目と12目めに水色マーカーを入れる。

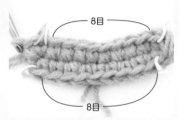

8目 / 8目

5 糸端は数目編みくるむ。続けてこま編みを編み、最後の目にはこま編み2目を編み入れる(21、22目め)。計22目編み、21目めに水色マーカー、22目めにピンクマーカーを入れる。

6 編み終わりの目を大きく引き出し、左手で押さえる。編み始めの目に裏から針を入れ、押さえていた目を針にかけ、編み地の裏に引き出す(底の奇数段は同様にする)。

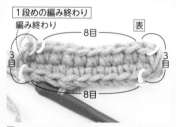

1段めの編み終わり
編み終わり　8目　表
3目　3目
8目

7 1段めの編み終わり。同じ目に3目編み入れたところの1目と3目(1、10、12、21目め)めに水色マーカーを入れた状態になる。目数は計22目になる。

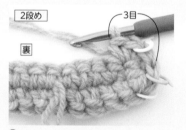

2段め　3目
裏

8 2段めは裏を見て、鎖1目で立ち上がる。こま編み1目を編み、ピンクマーカーを移す。水色マーカー1目めはこま編みを3目編む。3目のまん中の目にマーカーを移す。

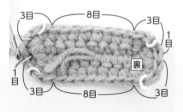

3目　8目　3目
1目　1目
裏
1目　1目
3目　8目　3目

9 続けてこま編みを編み、前段で水色マーカーを入れた目はこま編みを3目編み、まん中の目にマーカーを移す。計30目編み、編み終わりの目にピンクマーカーを入れ、ふつうに引き抜く(底の偶数段は同様にする)。

2 側面を模様編みで編む

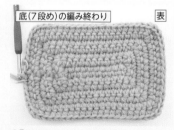

底(7段め)の編み終わり　表

10 奇数段は表、偶数段は裏を見て、8〜9と同様に四隅で2目ずつ増やしながら7段めまで編む(計70目)。これで底の編み終わり。

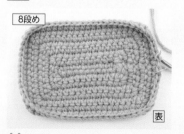

8段め　表

11 側面はすべて表を見て編み、編み終わりは6と同様に裏から引き抜く。8段めは鎖1目で立ち上がり、70目をこま編みで編む。

9段め

12 9段めからこま編みの模様編みで編む。鎖1目で立ち上がり、1目めはこま編み1目を編む。

64

13 2目めは前段の1目めの足元(**12**の★)に針を入れて、糸をかけて引き出す。引き出す糸は長めにして、1目めのこま編みと高さをそろえる。

14 針に糸をかけて2ループを引き抜き、斜めのこま編みを1目編む。

とばした目

☆

15 2目めはとばして、3目めにこま編み1目を編む。とばす目は**14**で編んだこま編みに隠れるので、きちんと確認して編み目がずれないように注意。

16 4目めは**13**と同様に前段の3目めの足元(**15**の☆)に針を入れて、斜めのこま編み1目を編む。

9段めの編み終わり　表

17 **15**～**16**をくり返して1段編む。<u>編み終わりは、毎段 **6** と同様に裏から引き抜く。</u>

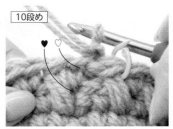

10段め

♥ ♡

18 10段めは鎖1目で立ち上がる。

色違いのハンドルバッグ

19 前段の1目めの足元(**18**の♥)に針を入れ、糸をかけて長めに引き出し、斜めのこま編み1目を編む。

20 2目めは1目めの頭(**18**の♡)に針を入れてこま編み1目を編む。

21 2目めはとばして3目め、4目めは、**19**～**20**と同様に斜めのこま編み、ふつうのこま編みを1目ずつ編む。

22 **19**～**20**をくり返して編む。9段めの模様と10段めの模様の向きが逆になる。

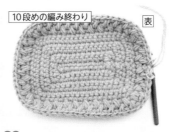

10段めの編み終わり　表

23 1周編んで、**6**と同様に編み始めに裏から引き抜く。

24 **12**～**23**の9～10段めと同様にして、22段めまで編む(最後の1目は編まずに残しておく)。側面の模様編み部分の編み終わり。

必要な編み方

| 鎖編み…P.101 | こま編み…P.101 | 引き抜き編み…P.102 | こま編み2目一度…P.102 | 糸始末…P.14 |

1 P.65の**24**の最後、本体22段めの最後の目を途中まで編む。水色の糸端を10cmほど残して、最後の目の裏側に当てる。

2 水色の糸を引き抜いてこま編みを編む。編み始めの目（マーカーが入っている目）に裏側から針を入れて、引き抜く。

3 1段めは編み地の表を見て鎖1目で立ち上がり、こま編みを編む（P.64の**3**と同様に本体の糸端を数目、編みくるむ）。奇数段の編み終わりは、P.64の**6**と同様に編み始めに裏から引き抜く。

4 2段めは編み地を裏にして鎖1目で立ち上がり、こま編みを編む。水色の糸端は編み地の手前におき、その下をくぐらせるようにして数目編みくるむ。偶数段の編み終わりはふつうに引き抜く。

5 3〜4段めは往復にこま編みを編む。本体の模様編みで立ち上がり位置が斜行するので、ここでバランスを見て両脇の位置を決める（P.61の図参照）。

6 5段めで持ち手を作る。表を見て鎖1目で立ち上がり、こま編み14目を編む。

66

7 持ち手用の鎖30目を編む。13目あけて、こま編み11目を編む。

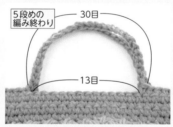

8 反対側も続けて編む。こま編み11目、鎖30目を編み、13目あけてこま編み8目を編んで編み始めの目に裏から引き抜く。

9 6段めは編み地を裏にして鎖1目で立ち上がり、こま編みを6目編む。次の7目めと持ち手の鎖1目めからそれぞれ糸を引き出し（8目めはとばす）、針に糸をかけて一度に引き抜く（こま編み2目一度）。

10 ○で囲んだところが**9**で2目一度で編んだところ。カーブがなめらかになる。持ち手部分は裏山を残して鎖目を拾い、1目ずつこま編みを編み入れる。

11 持ち手の鎖30目めと本体の次のこま編み1目をとばして次の目から糸を引き出し、こま編み2目一度を編む。

12 反対側の持ち手部分も同様にして1周編み、編み始めに表から引き抜く。**9**、**11**でこま編み2目一度で編んだ目には、マーカーを入れておく。

13 7段めは表を見て編む。鎖1目で立ち上がり、6段めで2目一度を編んだ目（マーカーの目）から2目手前まで、11目こま編みを編む。

こま編み2目一度

14 13の◆の2目からそれぞれ糸を引き出し、こま編み2目一度を編む（マーカーの目はとばす）。

15 持ち手部分をマーカーの2目手前までこま編みで編む。

こま編み2目一度

16 15の◇の2目からそれぞれ糸を引き出し、こま編み2目一度を編む（マーカーの目はとばす）。

7段めの編み終わり

17 反対側の持ち手部分も同様にして1周編み、編み始めの目に裏から引き抜く。

8段め

18 8段めは、立ち上がりなしで袋口と持ち手の上側を引き抜き編みで1周編み、糸始末する。

持ち手の内側

19 持ち手の内側、本体の5目めに表から針を入れ、新しい糸を引き出す。

20 糸端を編み地の裏側において編みくるみながらこま編み8目を編む。次の♠の2目からそれぞれ糸を引き出す。

こま編み2目一度

21 針にかかっている3ループを引き抜き、こま編み2目一度で編む。

22 持ち手部分は鎖の裏山を拾って♤の手前までこま編みを1目ずつ編む。

23 持ち手の最後の目と本体の目（**22**の♠）からそれぞれ糸を引き出し、こま編み2目一度を編む。

24 残り3目こま編みを編み、編み始めに裏から引き抜く。

色違いのハンドルバッグ

必要な編み方 | 鎖編み…P.101 | こま編み…P.101 | 引き抜き編み…P.102 | 糸始末…P.14

1 P.66の1、2と同様に、本体22段めの最後の目で、紫の糸に替える。鎖1目で立ち上がり、1段めは裏、2段めは表を見てこま編みを編む。編み終わりは1段めは表から、2段めは裏から編み始めに引き抜いて糸を切る。

2 サイドの編み始め(P.62の図参照)に裏から針を入れ、新しい糸を引き出す。3段めは鎖1目で立ち上がり、裏を見て編む。糸端を編み地の手前におく。

3 2の矢印のように糸端の下をくぐらせるようにして編みくるみながら数目こま編みを編み、残りは糸端をはずしてこま編みを編む(計22目)。

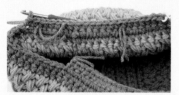

4 4段めは表を見て鎖1目で立ち上がり、こま編みを22目編んで糸を切る。13目をあけて、反対側も同様に新しく糸をつけて2段こま編みを編む。

5 本体の両サイドに2段編み足したところ。編み終わりは糸を切る。

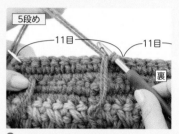

6 5段めは編み地の裏を見て、サイドの端から12目めに針を入れ、新しい糸を引き出す(糸端は手前におく)。

7 鎖1目で立ち上がり、糸端を編み地の手前において2〜3と同様に編みくるみながら、こま編みを11目編む。

8 続けて鎖13目を編み、もう片側のサイドにこま編みで編みつなぐ。

9 サイド部分はこま編みを編む。反対側の持ち手も同様に鎖を編み、こま編みで編みつなぐ。残り11目もこま編みを編み、編み始めに引き抜く。

10 6〜7段めは鎖1目で立ち上がり、往復でこま編みを編む。持ち手の鎖は裏山を残して鎖目を拾う。編み始めの目に6段めは裏から、7段めは表から引き抜く。

11 8段めは、立ち上がりなしで袋口、持ち手の上側部分を引き抜き編みで1周編む。

12 紫ハンドルのでき上がり。

オレンジハンドルの編み方

必要な編み方

鎖の作り目…P.100　鎖編み…P.101　こま編み…P.101　引き抜き編み…P.102

バックこま編み…P.102　糸始末…P.14

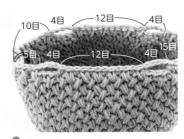

10目　4目　12目　4目
5目　4目　12目　4目　15目

23段め

1 本体はP.64〜65と同様に編み、22段めの最後の目も編む。23段めで持ち手を通す穴を作る。鎖1目で立ち上がり、こま編みの模様編み10目、鎖4目を編む。

2 鎖4目のところは4目とばす。続けてこま編みの模様編み、鎖編みを写真のとおりの目数で編む。編み終わりは、編み始めに裏から引き抜く。

3 24段めは鎖1目で立ち上がり、こま編みの模様編みを編む。持ち手部分は鎖の裏山を残して鎖目を拾い、こま編みを編む。1周編んで編み始めに裏から引き抜く。

24段め

25段め

26段め

4 25段めも鎖1目で立ち上がり、こま編みの模様編みを編む。持ち手のところも模様編みで続けて編む。編み始めの目に裏から引き抜く。

5 26段めは鎖1目で立ち上がり、逆方向にこま編みを編む(バックこま編み)。

6 バックこま編みで縁を1周編んだところ。

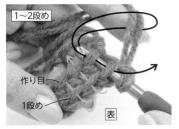

1〜2段め

作り目
1段め
表

7 持ち手を編む。糸端を30cmほど残して鎖4目で作り目する。鎖1目で立ち上がり、裏山を拾ってこま編みを4目編み入れる。2段めは鎖1目で立ち上がり、1段めの頭の手前半目と作り目の鎖の手前半目に針を入れる。

8 針に糸をかけて引き出し、こま編みを1目編む。残り3目も7の青の矢印のように針を入れて同様に編む。

9 2段め以降は鎖1目で立ち上がり、前段の頭半目とその下の段の半目に針を入れ、こま編みを編む。4目ずつ、往復で計70段編む。同じものを計2枚編む。

裏

10 本体の持ち手用穴に**9**の持ち手を通し、糸端をとじ針に通す。持ち手の編み地の端に表から針を通し、糸が出ているところに針を出して糸を引く。

11 そのまま端を回して表の1目めに針を入れ、裏の1目めに針を出す。

12 1目ずつ、表、裏に針を出して縫い留め、糸始末をする。4か所すべて同様に持ち手を縫い留める。

69

色違いのハンドルバッグ

小物入れやプラントカバーに！

メリヤスこま編みのミニかご

こま編みなのに、編み入れる場所を変えるだけでメリヤス編み風の編み地に変身！
極太糸だから作るのもあっという間です。小さなループつきで、壁かけにもできて便利！

用意するもの	●極太ストレートヤーン (Seria ナチュラルスタイル アルパカくん) col.2 (ブラウン) …1玉

●かぎ針10/0号

> **advice**
> 前段のこま編みの足の間に針を入れ、こま編みを編みます。このとき、針を出す裏側の場所がポイント! 間違えると、編み目が斜めになっていくので注意しましょう。

仕上がりサイズ	周囲27×高さ6cm

編み方

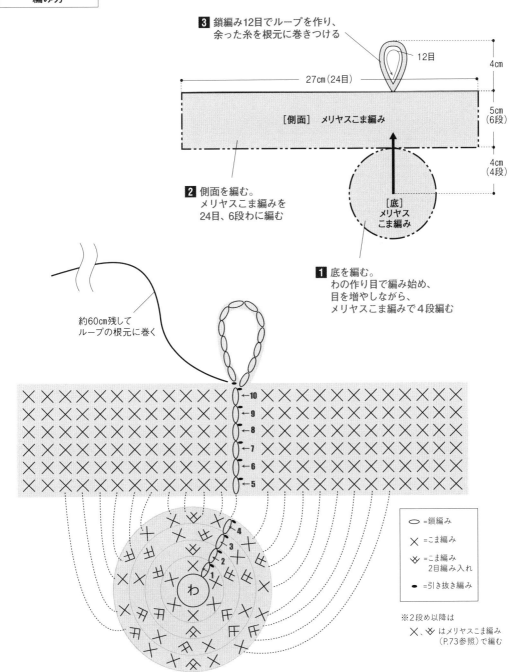

3 鎖編み12目でループを作り、余った糸を根元に巻きつける

12目

4cm

27cm(24目)

[側面] メリヤスこま編み

5cm (6段)

4cm (4段)

2 側面を編む。メリヤスこま編みを24目、6段わに編む

[底] メリヤスこま編み

71

メリヤスこま編みのミニかご

1 底を編む。わの作り目で編み始め、目を増やしながら、メリヤスこま編みで4段編む

約60cm残してループの根元に巻く

←10
←9
←8
←7
←6
←5

4
3
2
1
わ

○ =鎖編み
✕ =こま編み
✕◡ =こま編み 2目編み入れ
•— =引き抜き編み

※2段め以降は
✕、✕◡ はメリヤスこま編み (P.73参照)で編む

必要な編み方
わの作り目…P.100　鎖編み…P.101　こま編み…P.101　引き抜き編み…P.102
こま編み2目編み入れ…P.102　糸始末…P.14

1 わの作り目で底を編む

1段め
鎖1目

1 糸端を丸めてわを作り、糸端側を奥にして重なりの部分を指で押さえる。わの中に針を入れて糸をかけて引き出し、立ち上がりの鎖1目を編む。

編み始め
はずした目　編み終わり

2 わの中にこま編み6目をゆったりめに編み、1目めと6目めにマーカーを入れる。糸端を引いてわを引き締める。編み終わりの目を長めに引き出して針からはずし、左手で押さえる。編み始めの目に裏から針を入れる。

1段めの編み終わり
表

3 はずした目を編み始めの目に引き抜く。2段め以降も編み終わりは同様にして引き抜く。

2段めの編み終わり
表

4 2段めは鎖1目で立ち上がり、前段の目に2目ずつ、メリヤスこま編み（右ページ参照）を編み入れて12目にする。最後は編み始めの目に引き抜く。編み始めと編み終わりのマーカーを移す。

4段めの編み終わり
表

5 3～4段めは鎖1目で立ち上がり、各6目ずつ目を増やしながら（P.71の編み図参照）、メリヤスこま編みで編む。4段めで24目になる。

2 側面を編む

6段

6 5～10段めまで、24目のままメリヤスこま編みを続けて編む。

3 ループを作る

鎖12目

7 鎖12目を編み、編み始めの目（★）に引き抜く。糸を60cmほど残してカットする。

8 ループの根元に13～14回巻きつける（最初はきつめにしっかり巻く）。糸をとじ針に通し、巻きつけた箇所の根元に通す。

9 クロスするように何度か糸を通し、最後は裏側に出して糸始末をする。

メリヤスこま編みの編み方

メリヤスこま編みって？

前段の目の頭ではなく、足の間に針を入れてこま編みを編む方法で
棒針のメリヤス編みのような見た目に仕上がります。
針を出す位置を間違うと、編み目が斜めになっていくので注意しましょう。

1 前段のこま編みの足の間（☆）に針を入れる。

2 裏に針を出す。

裏

3 裏を見て針を出すところを確認。針をやや右に向けて入れると、うまく入れられる。

4 針に糸をかけて引き出し、こま編みを1目編む。

5 上下で目のずれができずにまっすぐ目が重なるのが正解。

これはNG！

編み地にまっすぐ針を入れると、ここに出してしまう場合がある（★が正しい場所）。このまま編んでしまうと、編み目が斜行してしまうので注意して。

73

メリヤスこま編みのミニかご

表

メリヤスこま編みの表。こま編みの目が上下にまっすぐ並ぶ。

裏

裏も同じようにまっすぐに目が並ぶ。

余り毛糸でも作れます！

あったかハンドルカバー

ものの30分もあればちゃちゃっと作れるハンドルカバーは、
手持ちのバッグのイメチェンなどにも活用できます。
余り毛糸でいろいろアレンジするのも楽しい！

ナチュラルカラーの3バリエ。極太
糸なので、サクサク編めます。

用意するもの	●極太ストレートヤーン (Seria ひつじちゃんナチュラル) 　:col.4 (グレージュ)・col.5 (ダークブラウン) 　・col.8 (オフホワイト)…各少々 ●かぎ針8/0号 ●ウッドボタン (直径20mm)…各2個 ●レース糸 (DAISO):col.381 (チャコールグレー) 　…少々

> **advice**
> シンプルにこま編みを往復で編むだけなので、初心者の方も簡単に作ることができます。ボタンつけはレース糸を使うと、しっかりつけられるのでおすすめ!

仕上がりサイズ	幅11×長さ15cm

編み方	＊糸は2本どり (糸玉の内側と外側の糸端を引き出して2本どりにする)

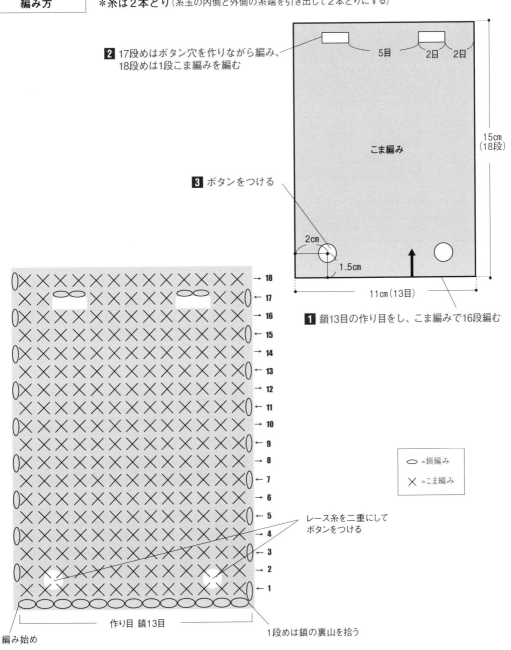

2 17段めはボタン穴を作りながら編み、18段めは1段こま編みを編む

5目　2目　2目

こま編み

15cm
(18段)

3 ボタンをつける

2cm

1.5cm

11cm (13目)

1 鎖13目の作り目をし、こま編みで16段編む

→ 18
← 17
→ 16
← 15
→ 14
← 13
→ 12
← 11
→ 10
← 9
→ 8
← 7
→ 6
← 5
→ 4
← 3
→ 2
← 1

○	=鎖編み
×	=こま編み

レース糸を二重にしてボタンをつける

作り目 鎖13目

編み始め

1段めは鎖の裏山を拾う

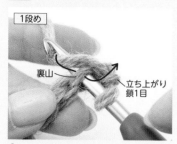

必要な編み方
鎖の作り目…P.100 　鎖編み…P.101 　こま編み…P.101 　糸始末…P.14

1 本体を編む

裏山
立ち上がり
鎖1目

編み始め

13目
糸端

1 糸2本どり、鎖13目で作り目をし、鎖1目で立ち上がる。作り目の鎖の裏山(P.100参照)を拾って、針に糸をかけて引き出す。

2 針に糸をかけて2ループを引き抜き、こま編みを1目編む。編み始めの印としてマーカーを入れる。

3 同様に、鎖の裏山を拾ってこま編みを計13目編む。糸端を編み糸の上を通して編み地の手前におく(今回は奇数段側を裏として使うため、糸端は奇数段側で処理)。

2 ボタン穴を作って仕上げる

2〜16段め
裏

17段め

2目

4 そのまま編み地を裏にして、2段めを編む。鎖1目で立ち上がり、こま編みを編む(最初の数目は糸端の下をくぐらせるようにして編みくるむ)。同様に編み地を交互に返しながら、16段めまでこま編みを編む。

5 17段めでボタン穴を2か所作る。鎖1目で立ち上がり、こま編み2目を編む。

6 鎖2目を編み、2目あけて5目めからこま編み5目を編む。鎖編み部分がボタン穴になる。

3 ボタンをつける

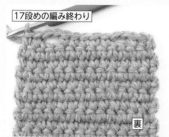

17段めの編み終わり
裏

18段めの編み終わり
表

7 続けて鎖2目、2目あけて12目からこま編みを2目編む。

8 18段めは編み地を表にして鎖1目で立ち上がり、こま編み13目を編む。ボタン穴の部分は鎖を編みくるみながらこま編みを2目編み入れる。

9 ボタン穴つけ位置に、レース糸2本どりでボタンをつける(ボタンのつけ方はP.37参照)。

Part 3

冬を暖かく過ごす

スヌード&ショール

最近の100円ショップの糸は素材の質感もよく、
スヌードなどの身につける小物にもおすすめです。
簡単な編み方なのに、凝って見えるデザインを選びました。

かのこ編み風のしっかりした編み地

簡単! すぐできるスヌード

冬の白がとてもおしゃれ!
しっかりした編み地で織り物風のテイストに仕上がります。ソフトな肌触りも魅力。

このスヌードの
編み方動画はこちら

用意するもの	●極太ストレートヤーン（DAISO ウールロービング） ：WR1オフホワイト…6玉 ●かぎ針10/0号

advice
作り目の鎖を回転させてからわにすると、編んでいくうちに自然とねじれてニュアンスのある仕上がりに。編み地がかたくならないように、ゆったりめに編むのがポイントです。

仕上がりサイズ	幅26×周囲82cm

編み方	＊糸は2本どり

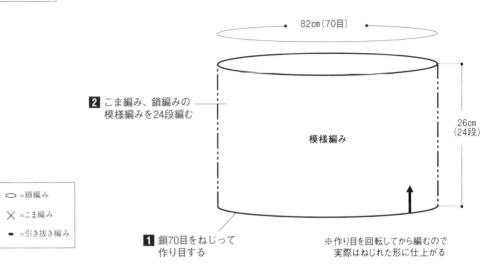

82cm（70目）

2 こま編み、鎖編みの模様編みを24段編む

模様編み

26cm（24段）

○ =鎖編み
✕ =こま編み
• =引き抜き編み

1 鎖70目をねじって作り目する

※作り目を回転してから編むので実際はねじれた形に仕上がる

79

簡単！すぐできるスヌード

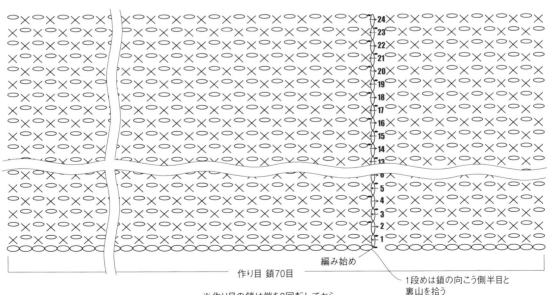

作り目 鎖70目

編み始め

1段めは鎖の向こう側半目と裏山を拾う

※作り目の鎖は端を2回転してから引き抜き編みでつないでわにする

必要な編み方

| 鎖の作り目…P.100 | 鎖編み…P.101 | こま編み…P.101 | 引き抜き編み…P.102 | 糸始末…P.14 |

1 鎖をねじって作り目する

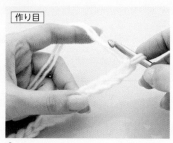

作り目

1 糸2本どりで鎖70目を編む（作り目）。

2 編み地の向きを見て、まっすぐ平らになっていることをまず確認する。

半回転ずつ 4回

3 編み始めの端を持って、半回転ずつ4回（計2回転）回す。

2 模様編みを編む

4 編み始めの目の向こう側半目と裏山を拾い、糸をかけて引き抜き、わにする。

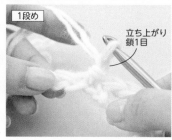

1段め

立ち上がり 鎖1目

5 毎段、編み始めは鎖1目で立ち上がる。

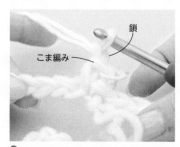

鎖

こま編み

6 作り目の鎖1目めの向こう側半目と裏山を拾ってこま編み1目を編み、マーカーを入れる。次は鎖1目を編む。

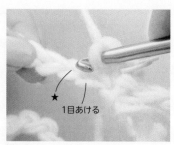

★

1目あける

7 作り目の鎖1目をあけて3目め（★）に針を入れ、こま編み1目を編む。続けて鎖1目を編む。

8 6～7と同様に、こま編み1目、鎖1目を交互にくり返して編む。

9 編み終わりが近くなったら、一度編み地全体を見て、ねじれがキープできているか確認。戻っている場合があるので、その場合はここで再度ねじって修正する。

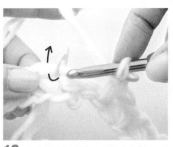

10 最後の鎖1目(70目め)を編んだらマーカーを入れ、編み始めの目に針を入れて引き抜く。

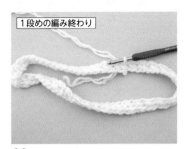

1段めの編み終わり

11 1段めが編めたところ。

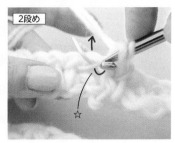

2段め

12 2段めは裏を見て編む。鎖1目で立ち上がり、前段の鎖目の下(☆)に針を入れてこま編みを1目編む。

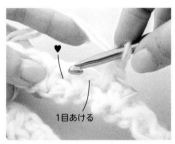

1目あける

13 12で編んだ目にマーカーを移し、続いて鎖1目、1目あけて次の鎖目の下(♥)にこま編み1目を編む。

14 鎖1目、こま編み1目を交互にくり返して編む。

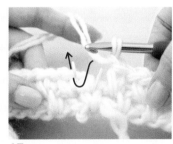

15 最後の鎖1目(70目め)を編んだら、編み始めの目に針を入れ、糸をかけて引き抜く。最後の鎖1目にマーカーを入れておく。

2段めの編み終わり

16 こま編みが段ごとに交互になる編み地になる。

5段めの編み終わり

17 5〜16と同様に模様編みをくり返して、往復に編む。

18 24段まで模様編みをくり返して編む。

ふわふわモヘアで軽やかに

ぷっくりハート柄のスヌード

毛足の長いモヘア糸で編んだスヌードは、ふんわり感が魅力。
玉編みをアレンジしたハート柄のデザインがキュートです。

用意するもの	●極中細モヘア（Seria ロイヤルモヘア） ：col.2（ベビーピンク）…4玉 ●かぎ針8/0号

advice
中長編みの玉編みをマスターすれば、とっても簡単！ ふんわり仕上がるように、ゆったりめに編みましょう。

仕上がりサイズ	幅22×周囲70cm

編み方	＊作り目のみ2本どり

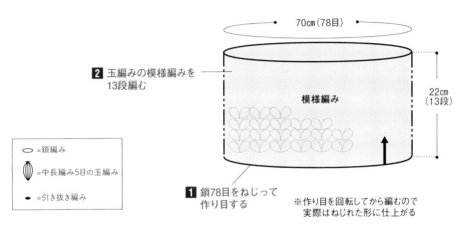

2 玉編みの模様編みを13段編む

1 鎖78目をねじって作り目する

※作り目を回転してから編むので実際はねじれた形に仕上がる

70cm（78目）

22cm（13段）

模様編み

◯ =鎖編み

◖ =中長編み5目の玉編み

• =引き抜き編み

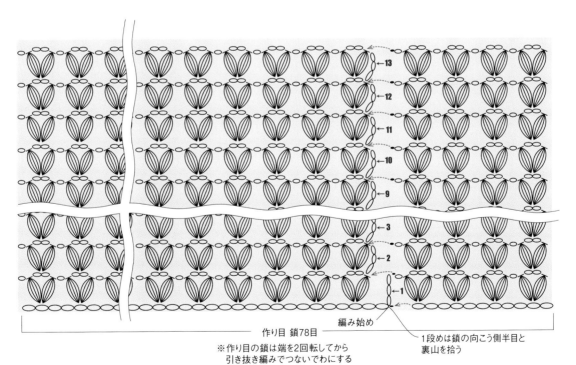

編み始め

作り目 鎖78目

※作り目の鎖は端を2回転してから引き抜き編みでつないでわにする

1段めは鎖の向こう側半目と裏山を拾う

ぷっくりハート柄のスヌード

必要な編み方

鎖の作り目…P.100　鎖編み…P.101　中長編み…P.101　引き抜き編み…P.102

中長編み5目の玉編み…P.103　糸始末…P.14

1　鎖をねじって作り目する

作り目

1 糸2本どりで鎖78目を編む(作り目)。編み地の向きを見て、まっすぐ平らになっていることをまず確認する。

2 向きが変わらないように、編み始めと編み終わりの端を突き合わせる。

半回転ずつ
4回

3 編み始めの端を持って、半回転ずつ4回(計2回転)回す。

4 編み始めの目の向こう側半目と裏山を拾って針を入れる。

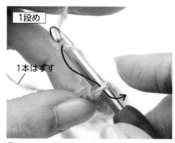

5 針に糸をかけて引き抜く。

2　模様編みを編む

1段め

1本はずす

6 作り目の糸を1本はずし、ここからは糸1本で編む。立ち上がりの鎖3目を編む。

はずした糸

7 6ではずした糸を作り目の裏におく。針に糸をかけ、作り目の鎖2目をあけて3目めの鎖の向こう側半目と裏山を拾って針を入れる。

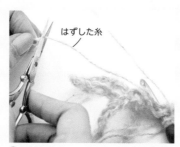

はずした糸

8 はずした糸は15cmくらい残してカットする。

9 糸端を編みくるみながら、中長編みの途中までを5目分編み入れる。針に糸をかけて針にかかっているループを一度に引き抜く(中長編み5目の玉編み)。

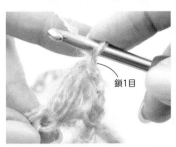

10 鎖1目を編んで引き締める。

鎖1目

11 鎖1目を編み、中長編み5目の玉編みをもう1目、**9**と同じ目に編み入れ、鎖1目を編んで引き締める。

12 作り目の鎖2目をあけて、次の目に**9**〜**11**と同様に中長編み5目の玉編みと鎖編みのセットを編み入れる。

13 編み終わりが近くなったら、一度編み地全体を見て、ねじれがキープできているか確認。戻っている場合はここで再度ねじって修正する。

14 編み終わりは、立ち上がりの鎖3目と次の玉編みの間に針を入れる。

糸端

15 作り目の糸端を編み地の裏におき、その下をくぐらせて糸を引き抜く。

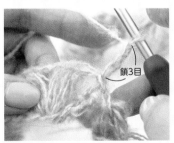

鎖3目

16 2段めは鎖3目で立ち上がる。

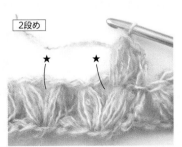

2段め

17 1段めの玉編みと玉編みの間の鎖目の下（★）に針を入れて**9**〜**11**と同様に編む（**15**で引き上げた糸端を編みくるむ）。

18 続けて**12**〜**15**と同様にして、1段編む。計13段模様編みを編む。

ふわふわモヘヤで編む

花模様のリフ編みスヌード

中長編みの玉編みを組み合わせた花模様のようなリフ編みがキュート！
モヘヤ糸2本どりで編むふわふわニットは、冬を暖かく過ごす最強のアイテムです。

用意するもの	●中細モヘヤ (Seria ロイヤルモヘア) ：col.1 (ライトグレー)…6玉 ●かぎ針8/0号

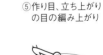

advice
ふんわりきれいに仕上げるには、糸を長めに引き出すことと、引き出した糸の長さをそろえること。複雑に見えますが、流れがわかれば簡単ですよ！

仕上がりサイズ	幅19×周囲80㎝

編み方	＊糸は2本どり

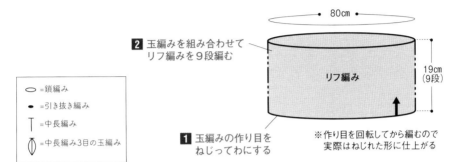

2 玉編みを組み合わせてリフ編みを9段編む

80cm

リフ編み

19cm
(9段)

1 玉編みの作り目をねじってわにする

※作り目を回転してから編むので実際はねじれた形に仕上がる

○ =鎖編み
● =引き抜き編み
Ⅰ =中長編み
◊ =中長編み3目の玉編み

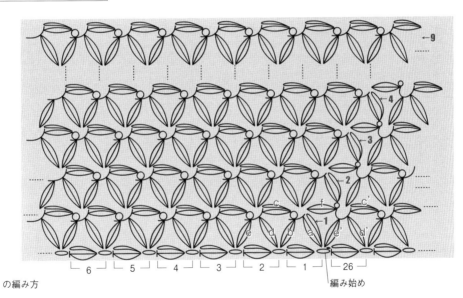

←9

←4

←3

←2

←1

c' f c'
e d b a e' d'
編み始め

6 5 4 3 2 1 26

◊ の編み方

 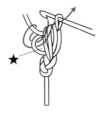 

①針にかかっている目を長めに引き出す

鎖1目

②鎖1目に針を入れ、中長編みの途中までを2目編み、針に糸をかけて引き抜く

★

③★に針を入れ、糸をかけて矢印のように引き抜く

★

④鎖1目を編む

⑤作り目、立ち上がりの目の編み上がり

作り目2目めはこの目を長めに引き出す

※一般的なリフ編みと一部編み方を変えています

87

花模様のリフ編みスヌード

必要な編み方

鎖編み…P.101 中長編み…P.101 引き抜き編み…P.102 中長編み3目の玉編み…P.103

糸始末…P.14

1 玉編みで作り目する

作り目

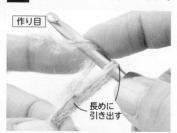

長めに
引き出す

1 糸は2本どりで編む。鎖2目を編み、2目めを長めに引き出し(約2㎝)、針に糸をかける。

2 鎖の1目めに針を入れる。

3 針に糸をかけて引き出し、中長編みの途中までを1目編む。

4 1で引き出した糸と長さをそろえる。

5 同様に、針に糸をかけて同じ目に針を入れ、針に糸をかけて引き出し、中長編みの途中までをもう1目編む。

6 いちばん左にかかっている★の糸を軽く押さえて針に糸をかけ、すべてのループを引き抜く。

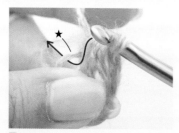

7 6で押さえた糸のループ(★)に針を入れる。

8 針に糸をかけて引き抜く。

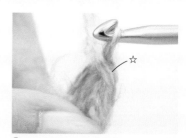

9 1目編めたところ。

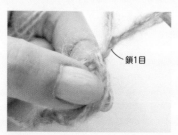

鎖1目

10 鎖1目を編んで引き締める。続いて針にかかっている糸を長めに引き出す。長さはひとつ前の玉編みと同じくらいに。

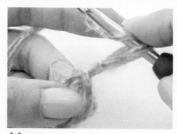

11 針に糸をかける。

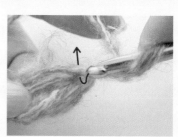

12 8で引き抜いた目(9の☆)に針を入れる。

13 針に糸をかけて引き出し、中長編みの途中までを1目編む。**10**で引き出した目と同じ長さにそろえる。

14 **11〜13**をくり返して、中長編みの途中までをもう1目編む。

15 ♥の糸を軽く押さえて針に糸をかけ、針にかかっているすべてのループを引き抜く。

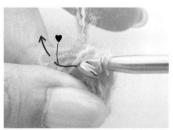

16 **15**で押さえた糸のループ(♥)に針を入れる。

17 針に糸をかけて、針にかかっている2ループを引き抜き、鎖1目を編む。変わり玉編みの作り目が2目できたところ。

18 同様にして、計26目変わり玉編み+鎖編みをくり返し、作り目を編む。

19 編み目の向きを見て、まっすぐになっていることを確認する。

20 向きが変わらないように編み始めと編み終わりの端を突き合わせ、編み始めの端を持って、半回転ずつ4回(計2回転)回す。

21 編み始めの鎖目に針を入れ、糸をかけて引き抜く。

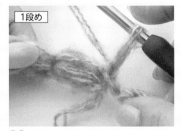

1段め

22 鎖1目を編み、針にかかっている目を長めに引き出す。長さは作り目の変わり玉編みとそろえる。

23 針に糸をかけて**21**で引き抜いた編み始めの鎖目に針を入れる。

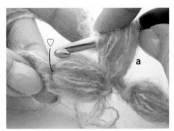

24 中長編みの途中までを2目分編み入れる(**a**)。

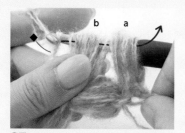

25 作り目の1つめと2つめの変わり玉編みの間(**24**♡)に、中長編みの途中までを3目分編み入れる(**b**)。◆の糸を軽く押さえて針に糸をかけ、すべてを引き抜く。

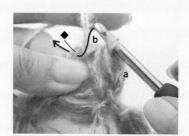

26 **25**で押さえた糸のループ(◆)に針を入れる。

27 針に糸をかけて、針にかかっている2ループを引き抜く。

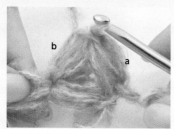

28 **a**、**b**の変わり玉編みが編めたところ。

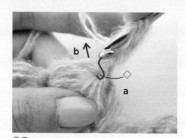

29 鎖1目を編み、針にかかっている目を長めに引き出す。針に糸をかけて**a**、**b**の頭(◇)に針を入れる。

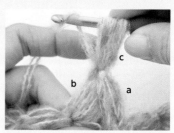

30 中長編みの途中までを2目分編み入れる(**c**)。

90

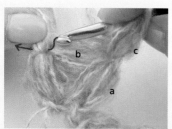

31 続いて針に糸をかけ、**b**を編み入れた目に針を入れる。

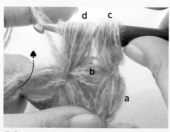

32 中長編みの途中までを3目分編み入れる(**d**)。

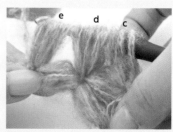

33 そのまま続けて、作り目の次の変わり玉編みの間(**32**の♠)に、中長編みの途中までを3目分編み入れる(**e**)。

34 針に糸をかけて、**e**、**d**、**c**を一度に引き抜く。

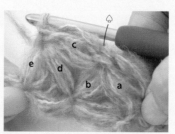

35 **e**のいちばん左のループに針を入れ、針に糸をかけて引き抜く。♠の目にマーカーを入れる。

36 **29**~**35**(**c**~**e**)をくり返して編む。最後1目分を残したところで、ねじれがキープできているか確認。戻っている場合はここで再度ねじって修正。

37 29〜30のcと同様に糸を引き出し、中長編みの途中までを2目分編む（c'）。

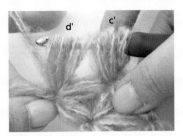

38 続けて、31〜32のdと同様に中長編みの途中までを3目分編む（d'）。

39 次は編み始めの目に続ける。

40 33のeと同様に、39の♤に中長編みの途中までを3目分編む（e'）

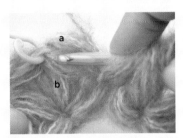

41 そのまま続けて編み始めのa、bの頭（マーカー部分）に、さらに中長編みの途中までを3目分編む（f）。

42 針に糸をかけて、c'、d'、e'、f'のループを一度に引き抜く。fの目のいちばん左のループに針を入れ、糸をかけて引き抜く。

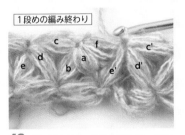

43 鎖1目を編んで引き締める。段の最後でc'、d'、e'、fの4目を一度に編む。

44 2段めも1段めと同様に編む。22〜25と同様にa、bの途中までを編む。

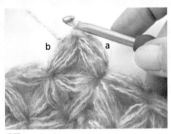

45 26〜28と同様に針に糸をかけて一度に引き抜き、bのいちばん左のループに針を入れて、糸をかけて引き抜く。

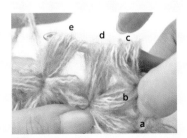

46 29〜33同様に、c、d、eの順に中長編みの途中までを3目分ずつ編む。

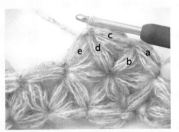

47 34〜35と同様に針に糸をかけて引き抜き、eのいちばん左のループに針を入れて、糸をかけて引き抜く。

48 36〜43と同様に2段めを編む。同様にくり返して、9段めまで編む。

ニュアンスのあるミックスカラーの糸で

大きめの三角ショール

ちょっぴりノスタルジックな雰囲気のある三角ショールは、少し肌寒く感じる日のおともに。
ふわっと羽織ったり、首周りに巻いたり、いろいろな使い方ができそう！

用意するもの

●並太ストレートヤーン (Seria コロル) col.2 (ブルー系)
　…7玉
●かぎ針10/0号

仕上がりサイズ　幅128×丈64cm

編み方

advice
とてもシンプルな編み方なので、
作るのは簡単。編み目がきつく
なると編み地がかたくなってし
まうので、ふんわり編んでくだ
さいね。

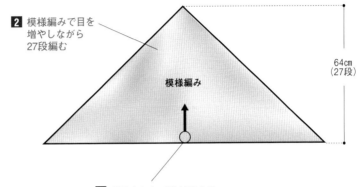

2 模様編みで目を
　増やしながら
　27段編む

模様編み

64cm
(27段)

1 鎖をわにして作り目する

⬭ =鎖編み

● =引き抜き編み

† =長編み

※ ┼†┼ は前段の鎖を編みくるむ

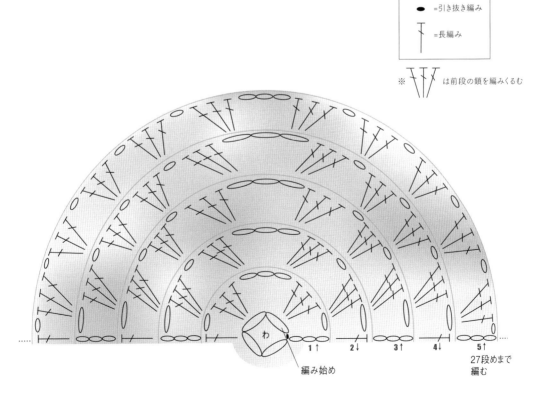

わ

編み始め

1↑　2↓　3↑　4↓　5↑

27段めまで
編む

必要な編み方

鎖をわにする作り目…P.100 　鎖編み…P.101 　長編み…P.101 　糸始末…P.14

1 鎖をわにする作り目をする

作り目

鎖4目

1 鎖4目を編む

2 編み始めの目の手前半目に針を入れる。

3 針に糸をかけ、針にかかっている2ループを引き抜く。

2 模様編みで編む

4 鎖4目をわにした作り目ができたところ。

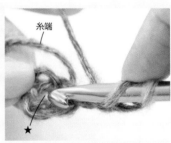

1段め

立ち上がり鎖3目

5 1段めは鎖3目で立ち上がる。

糸端

★

6 さらに鎖1目を編み、針に糸をかけ、4で作った作り目のわの中(★)に針を入れる。

糸端

7 糸端を編み地の裏におき、針に糸をかけ、わから引き出す(糸端を編みくるむ)。

8 針に糸をかけ、針にかかっている2ループを矢印のように引き抜く。

長編み1目

鎖1目

立ち上がり3目

9 もう一度針に糸をかけ、針にかかっている2ループを引き抜き、長編みを1目編む。

10 6〜9と同様に糸端を編みくるみながら、わの中(★)にもう2目、長編みを編み入れる。

11 鎖3目を編み、また同じわ(★)の中に長編みを3目編み入れる。

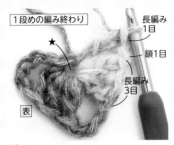

1段めの編み終わり

12 鎖1目を編み、同じわの中(★)に長編みを1目編み入れる。

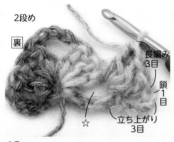

2段め

13 2段めは編み地を裏にして、鎖3目で立ち上がり、鎖1目を編む。**12**で編んだ鎖1目のところ(☆)に長編み3目を編み入れる。

14 鎖1目を編み、前段の鎖3目のところ(♥)に長編み3目を編み入れる。

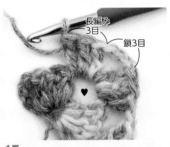

15 続いて鎖3目を編み、長編み3目を**14**と同じところ(♥)に編み入れる。この部分がショールの中央の三角部分になる。

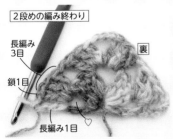

2段めの編み終わり

16 鎖1目を編み、前段の鎖1目のところ(♡)に長編み3目を編み入れる。鎖1目、同じところ(♡)に長編み1目を編み、2段めのでき上がり。

4段め

17 5〜16と同様に、奇数段は表、偶数段は裏を見て、P.93の編み図のとおりに鎖と長編み3目をくり返して目を増やしていく。27段めまで往復に編む。

寒い日の足元をぬくぬくに♪

グラデーションカラーのミニひざかけ

模様編みを続けて編むだけですが、糸の色がいろいろ変わるので、
飽きずに編み進めることができます。ベッドスプレッドにしてもかわいい！

<table>
<tr><td>**用意するもの**</td><td>●極太ストレートヤーン（Daiso ミックスケーク）
：好みの色…5玉
●かぎ針10/0号</td></tr>
</table>

advice
私はピンク系とベージュ系を1
玉ずつ交互に編みましたが、好
みの色を組み合わせてみましょ
う。長編みの立ち上がりはこま
編みと違い、1目分にカウント
することを覚えておいて。

仕上がりサイズ	幅53×長さ84㎝

編み方

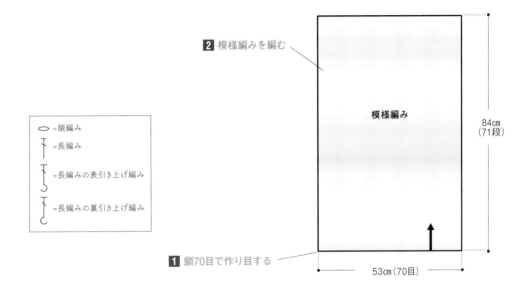

○ =鎖編み

↑ =長編み

↑ =長編みの表引き上げ編み

↑ =長編みの裏引き上げ編み

2 模様編みを編む

模様編み

84cm
（71段）

1 鎖70目で作り目する

53cm（70目）

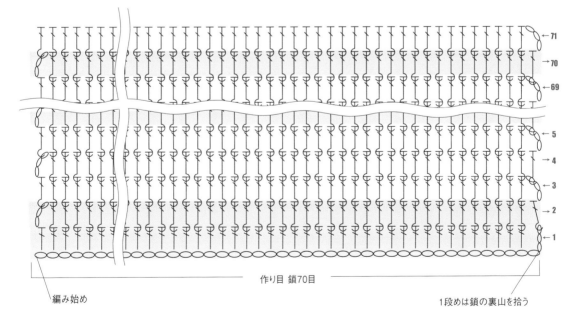

←71
←70
←69
←5
←4
←3
←2
←1

編み始め

作り目 鎖70目

1段めは鎖の裏山を拾う

グラデーションカラーのミニひざかけ

必要な編み方

鎖の作り目…P.100　鎖編み…P.101　長編み…P.101　長編みの表引き上げ編み…P.103

長編みの裏引き上げ編み…P.103　糸始末…P.14

1 作り目をする

作り目

編み終わり

1 鎖70目を編み(作り目)、最後の目にマーカーを入れる。

2 模様編みを編む

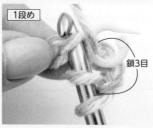

1段め

鎖3目

2 1段めは鎖3目で立ち上がる(立ち上がりは1目分としてカウント)。針に糸をかけ、1でマーカーを入れた目の次の目の裏側の糸1本(裏山)に針を入れて長編みを編む。

3 立ち上がりの鎖の3目めにマーカーを入れる。続けて、同様に作り目の鎖の裏山を拾って長編みを編む。

4 最後の目(70目め)は長編みの途中までを編む。

糸端

5 糸端を編み糸の上を通して手前におき、長編みの続きを編む。これで糸端が1段めの頭まで持ち上がる。

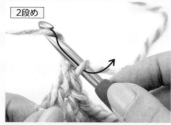

2段め

6 2段めは鎖3目で立ち上がり、編み地を裏にする。

糸端

7 5で持ち上げた糸端を編み地の手前におく。針に糸をかけ、写真のように2目めの長編みの足をすくって針を入れる。

8 糸端を編みくるみながら、長編み1目を編む(長編みの表引き上げ編み・P.99、103参照)。糸端を編み地の裏におく。

9 針に糸をかけ、編み地の裏側から3目めの長編みの足をすくって写真のように針を入れる。

10 糸端を編みくるみながら、長編み1目を編む(長編みの裏引き上げ編みP.99、103参照)。

11 7〜10と同様に、表引き上げ編み、裏引き上げ編みをくり返す。

12 段の最後は、針に糸をかけて1段めの立ち上がりのループに表から針を入れて糸を引き出し、長編み1目を編む。

98

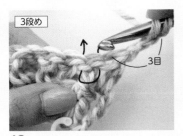

13 3段めは編み地を表に返し、鎖3目で立ち上がる。2目めは裏から針を入れて、前段の長編みの足をすくって長編みの裏引き上げ編み1目を編む。

14 続けて長編みの表引き上げ編み、裏引き上げ編みを1目ずつ交互に編む。

15 編み進むと、かごの編み目のようなで凹凸のある模様になってくる。2〜3段めと同様に往復に進みながら、71段めまで編む。

長編みの引き上げ編みの編み方

【表引き上げ編み】

1 針に糸をかけて、前段の長編みの足に表から針を入れる。

2 前段の長編みの足をすくう。針に糸をかけて矢印のように引き出す。

3 さらに針に糸をかけて、針にかかっている2ループを引き抜く。

4 針に糸をかけて、残りの2ループを引き抜く。

【裏引き上げ編み】

1 針に糸をかけて、裏から針を入れて前段の長編みの足をすくう。

2 針に糸をかけて、矢印のように引き出す。

3 針に糸をかけて、針にかかっている2ループを引き抜く。

4 針に糸をかけて、残りの2ループを引き抜く。

裏引き上げ編みは編み地の裏に、表引き上げ編みは編み地の表に編み目が出る。

編み方の基礎

作り目と編み入れ方

鎖の作り目

平編みの場合は、鎖を指定の目数編み、その目を拾って1段めを編みます。
この本では右の裏山を拾う方法も使っています。

1

こま編みの場合は立ち上がりの鎖を1目に数えないので、作り目の1目めに針を入れる。

2

針に糸をかけて矢印のように引き出す。

3

針に糸をかけて針にかかっている2ループを引き抜き、こま編みを1目編む。

4

同様にして作り目の鎖を拾ってこま編みを編む。

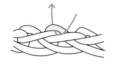

裏山を拾う方法

鎖編みの裏側の糸1本（出っ張っている山）を拾って編む方法。縁がきれいに仕上がります。

円に編むときの作り目

円形に編むときは、中心から編み目を増やしていきます。
糸端を丸めてわを作る方法と、鎖編みを丸くつないでわを作る方法があります。

糸端をわにする方法　編み糸の端でわを作り、その中に目を編み入れ、円形にぐるぐる編んでいきます。

1

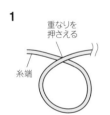

糸端を奥側にして丸め、重なりの部分を人差し指と親指で押さえ、わを作る。

2

わの中に針を入れて立ち上がりの鎖1目む。続けてわの中に針を入れて糸を引き出し、こま編みを編む。

3

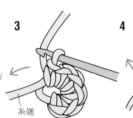

必要目数をわの中に編み入れたら、糸端を引いてわを引き締める。

4

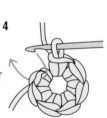

編み始めの目の頭に針を入れ、糸をかけて引き抜く。

5

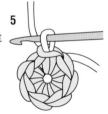

1段めの編み終わり。

鎖編みをわにする方法　必要目数の鎖編みを編んで輪につなぎ、その鎖編みを束にすくって目を編み入れます。

1

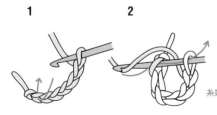

鎖編みを必要目数編み、編み始めの目の手前半目に針を入れる。

2

針に糸をかけて引き抜き、わにする。

3

立ち上がりの鎖1目を編む。

4

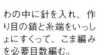

わの中に針を入れ、作り目の鎖と糸端をいっしょにすくって、こま編みを必要目数編む。

5

編み始めの目の頭に針を入れ、糸をかけて引き抜く。

6

1段めの編み終わり。

編み目記号と編み方

◯ 鎖編み

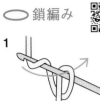

1 糸端でわを作って針を入れ、糸をかけて引き出す。

2 わの部分を押さえながら糸端を引き、わを引き締める。

3 針に糸をかけて引き抜き、1目ずつ編む。

4 4目編んだところ。

4目

✕ こま編み

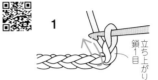

1 立ち上がりは鎖1目。作り目(または前段の目)に針を入れる。

鎖立ち上がり1目

2 針に糸をかけて引き出す。

3 針に糸をかけて、針にかかっている2ループを引き抜く。

4 1目編めたところ。次の目に針を入れ、糸をかけて引き出す。

5 針に糸をかけて、2ループを引き抜く。

⊤ 中長編み

1 立ち上がりは鎖2目。針に糸をかけて、作り目(または前段の目)に針を入れる。
※台の目には針を入れない。

鎖立ち上がり2目
台の目

2 針に糸をかけて引き出す。

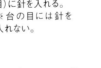

3 針に糸をかけて、針にかかっている3ループを一度に引き抜く。

4 中長編み1目の完成。次も同様に編む。

⊤ 長編み

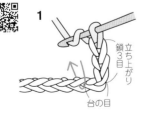

1 立ち上がりは鎖3目。針に糸をかけて、作り目(または前段の目)に針を入れる。
※台の目には針を入れない。

鎖立ち上がり3目
台の目

2 針に糸をかけて引き出す。

3 針に糸をかけて、針にかかっている2ループを引き抜く。

4 針に糸をかけて、残りの2ループを引き抜く。

5 長編み1目の完成。次も同様に編む。

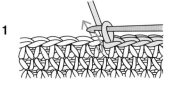 引き抜き編み

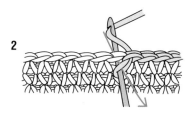

1

前段の目の頭に針を入れる。

2

針に糸をかけてそのまま引き抜く。

 バックこま編み

1

鎖1目で立ち上がり、右の目に手前から針を入れる。

2

針に糸をかけて引き出す。

3

こま編みと同様に編む。

4

1〜3をくり返して、左から右に編む。

こま編み2目編み入れ

1

こま編みを1目編む。

2

同じ目に針を入れて糸を引き出し、もう1目こま編みを編む。こま編み2目編み入れの完成。

こま編み3目編み入れ

3

こま編み3目編み入れは、同じ目にさらにもう1目こま編みを編む。

中長編み2目編み入れ

1

中長編みを1目編む。

2

同じ目に針を入れ、糸を引き出す。

3

もう1目中長編みを編む。

4

こま編み2目一度

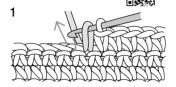

1

1目めに針を入れて糸を引き出す。次の目に針を入れ、針に糸をかけて引き出す。

2

もう一度針に糸をかけ、ループを一度に引き抜く。

3

こま編み2目一度の完成。

中長編み3目の玉編み　 中長編み5目の玉編み　

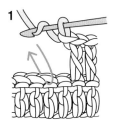

1
針に糸をかけて前段の目に針を入れる。

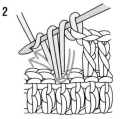

2
針に糸をかけて引き出す。同様に2回、同じ目に中長編みの途中まで編み入れる。

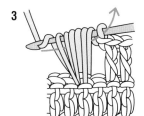

3
針に糸をかけて、針にかかっているループを一度に引き抜く。

4
中長編み3目の玉編みの完成。5目の場合は**2**で5目分編み入れる。

長編みの表引き上げ編み　

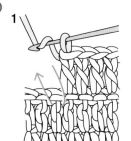

1
針に糸をかけ、編み目の表側から針を入れて前段の目の足をすくう。

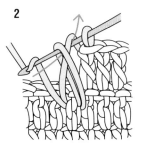

2
糸を引き出す。針に糸をかけて2ループを引き抜く。

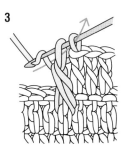

3
もう一度針に糸をかけて2ループを引き抜く。

4
長編みの表引き上げ編みの完成。

長編みの裏引き上げ編み　

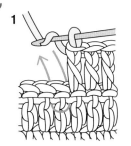

1
針に糸をかけ、編み目の裏側から針を入れて前段の目の足をすくう。

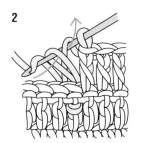

2
糸を引き出す。針に糸をかけて2ループを引き抜く。

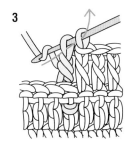

3
もう一度針に糸をかけて2ループを引き抜く。

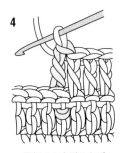

4
長編みの裏引き上げ編みの完成。

PROFILE

モコタロウ

2018年7月よりYouTubeチャンネル「モコタロウmocotarou」にて、かぎ針を使った編み物動画の配信を開始。自由な発想で作り出されるかわいい小物作品が注目を集める。100均の糸を使ったものや毛糸1玉シリーズなどの人気動画は150万回超再生されるものもあり、チャンネル登録者数は13万人を超える（2021年8月時点）。本書が初の著書となる。

STAFF

構成・文　坂本典子（シェルト＊ゴ）
撮　影　三村健二
デザイン　門松清香（スギヤマデザイン）
トレース　レシピア
校　正　神かつ子
編　集　森 摩耶（ワニブックス）

カンタン&かわいい&すぐできる！
かぎ針で編む
モコタロウの編み小物

著者　モコタロウ

2021年 9月22日　初版発行
2024年12月25日　6版発行

発行者　髙橋明男
編集人　青柳有紀
発行所　株式会社ワニブックス
　　　　〒150-8482
　　　　東京都渋谷区恵比寿4-4-9　えびす大黒ビル
　　　　電話　03-5449-2711（代表）
　　　　　　　03-5449-2716（編集部）
　　　　ワニブックスHP　http://www.wani.co.jp/
　　　　WANI BOOKOUT　http://www.wanibookout.com/

印刷所　TOPPANクロレ株式会社
製本所　ナショナル製本